新聞の危機と偽装部数

黒薮哲哉
Kuroyabu Tetsuya

花伝社

新聞の危機と偽装部数◆目　次

目次

特別寄稿　黒薮VS読売訴訟の本当の勝者とは？
メディアの失ったものの大きさを思う……226
吉竹幸則（フリージャーナリスト・元朝日記者）

読売「押し紙」損害賠償請求裁判の差し戻し控訴審判決に抗議する声明……244
日本出版労働組合連合会　中央執行委員長　大谷　充
出版ネッツ　執行委員長　金廻寿美子

あとがき……247

はじめに

新聞関係者に活用されている『新聞販売便覧』（新聞通信社）というガイド本がある。そこには販売店名簿が収録されている。地域ごとに各新聞社の販売店と店主名、それに連絡先などを記したものである。

この販売店名簿を使ってわたしは、東京都における朝日新聞、読売新聞、それに毎日新聞の各専売店の店数がここ一〇年の間にどの程度変化しているかを調べてみた。使用した『新聞販売便覧』は、一九九九年度版と二〇一一年度版である。

結果は次のようになった。

朝日　四七九店（九九年）　三七五店（一一年）
読売　四五五店（九九年）　四一二店（一一年）
毎日　三六二店（九九年）　二八三店（一一年）

さらにわたしは店主の廃業がどの程度あるのかについても調べてみた。驚くべきことに、一九九九年度の販売店名簿に記されていた店主の多くが、二〇一一年度には姿を消していた。たとえば極端な例をあげると練馬区の毎日新聞の場合、一九九九年には一三名の店主がいた。しかし、この一三名のうちで二〇一一年度の店主名簿（練馬区の毎日新聞の欄）に記載されている者はひとりもいない。新聞販売業に家業の側面が強いことを考慮すると深刻な事態である。販売店の経営に着手しても、それが生涯の仕事にはなっていないようだ。

実は、毎日新聞の危機を物語るエピソードは数え上げれば際限がない。二〇一二年の八月末、わたしは毎日新聞長南販売所（千葉県）の稲本重成店主から、ある文書を入手した。それは、毎日新聞が配布した補助金制度の一部廃止についての通告文書である。

新聞社が販売店に補助金を支給する制度は、新聞社のビジネスモデルの一端として、古くから確立されていた。補助金により「押し紙」で生じる損害を相殺する仕組みがあるからだ。

「押し紙」とは、新聞社が販売店に搬入する新聞のうち配達されずに過剰になった部数を意味する。新聞社が販売店に「押し紙」代金を請求するところから、「押し付けられた新聞」というニュアンスで使われる（厳密な定義については、複数の説があるので、1章を参照してほしい）。たとえば一〇〇〇部しか配達していない販売店に一五〇〇部を搬入して卸代金を請求すれば、差異の五〇〇部は「押し紙」である。

当然のことだが、販売店は読者のいない「押し紙」から購読料を徴収できない。そこで、「押し紙」で生じる損害を、新聞社から支給される補助金などで相殺するのだ。そのための補助金制度が中止になれば、販売店は新聞の卸代金を完納できなくなる。

従って毎日新聞社は、補助金制度の一部廃止と引き換えに「押し紙」を廃止しない限り、販売店が連鎖的に倒産することにもなりかねない。

しかし、「押し紙」をなくすということは、新聞社の販売店からの販売収入が減ることを意味する。それだけでなく、新聞の公称部数には「押し紙」が含まれているので、「押し紙」をなくせば新聞の公称部数も減って紙面広告の媒体価値が低下し、広告収入を急落させかねない。「押し紙」を続けるにしても廃止するにしても、どっちに転んでも地獄なのだ。

新聞社経営はいよいよレッドゾーンに突入したのである。

ちなみに稲本さんは、二〇一二年八月末で、販売店を強制改廃された。新聞の卸代金の納入が出来なくなった結果だった。毎日が稲本さんに送付した内容証明によると、未払金は約四九二万円。毎日は稲本さんにこの額を一括して支払うように文書で催告し、それが履行できない場合は、「平成二四年八月末日をもって貴殿との新聞販売契約を解約し、同年九月一日から新聞等の供給を停止します」と伝えた。

毎日新聞の衰退ぶりは凄まじい。しかし、残念ながらこのような実態を新聞関係者が同情の念をもって見守っているというわけではない。競合関係にある新聞社の店主らは、毎日新聞販売店の改廃を心待ちにしているようだ。毎日新聞は販売店の維持が出来ないという予測を前提に、毎日新聞の配達権を手に入れることで、自店の延命を図ろうとしている。

ちなみに新聞社の広告収入も著しく減少している。たとえば読売新聞の場合、二〇〇二年三月期は、広告収入が約一五〇七億円だったが、二〇一一年には約八〇一億円になっている。一〇年間で約半減したことになる。

新聞崩壊の根本的な原因は、速報性を伴うメディアのプラットフォームが、紙媒体からインターネットに変化してきたことである。経済不況は副次的な要素に過ぎない。販売店に対しては酷な表現になるが、人海戦術で新聞を戸別配達する時代はまもなく終わる。ちょうど明治時代に、ランプがすたれて、電灯が普及してきた状況に類似している。

歴史の転換期は記録しておかなければならない。それがジャーナリズムの重要な任務である。本書は、新聞崩壊に至るまでのここ三〇年間を、販売店訴訟を具体例としてクローズアップしながら検証したものである。図らずもそれは、新聞社が「繁栄」の絶頂から、崩壊へ突き進んでいった時代の新聞裏面史となった。

本書でわたしが試みた裁判の検証は、本来、司法記者の役割である。しかし、日本の司法記者は、裁判の提起と判決を伝えるメッセンジャーの役割を果たしているだけで、判決の検証を通じて事件の本質をえぐり出す作業にはほとんど着手しない。

新聞社と販売店が訴訟というかたちで衝突するようになったのは、一九八〇年代である。二〇〇六年までは新聞社が優勢に訴訟を進めた。販売店が提起する「押し紙」裁判や地位保全裁判に次々と勝訴していったのである。

ところが二〇〇七年に販売店勝訴の判決が最高裁で確定したのを機に、流れが変わり始める。その引き金となったのは、本書でも詳しく取り上げている真村裁判である。雑誌ジャーナリズムも新聞崩壊を予測するようになり、真村判例が生まれた後、『週刊ダイヤモンド』、『週刊東洋経済』、『ＳＡＰＩＯ』といった雑誌が、新聞販売の問題を取り上げるようになった。

そして二〇〇九年六月に『週刊新潮』がスタートした「押し紙」問題の連載で、新聞社批判は頂点に達する。わたしは、連載の最初の記事を執筆した。滋賀県で行われた購読紙調査の結果を基に新聞各社の「押し紙」の実態を推測した記事である。その中でわたしは、読売の「押し紙」率を三〇％から四〇％と推測する記述を入れた。

この連載の反響がいかに大きかったかは、その後、新聞社の広告収入が激減したことで如実に表れた。聞くところによると、日本を代表する大企業が広告代金の適正化を求める声をあげ、その結果、新聞社の広告収入が激減したという。

一方、読売は、三〇％から四〇％とする「押し紙」率の推測は、「事実の摘示」だとして、わたしと新潮社に対して五五〇〇万円の賠償を求める名誉毀損裁判を提起してきたのである。裁判の先頭には、自由人権協会の喜田村洋一代表理事が立つ事態にもなった。護憲派の人権擁護団体が、改憲派の大新聞を支援するという奇妙な構図が生まれたのだ。

結果は、読売の勝訴だった。地裁も高裁も、わたしと新潮社の名誉毀損を認定した。しかし、判決には納得できない部分が極めて多く、わたしと新潮社は、現在、最高裁へ上告している。この判決は新聞業界に配慮して政治判断が行われたというのが、わたしの主張である。

ちなみに読売は、この他にもわたしに対して二件の裁判を起こしている。わずか一年半の間に、わたしに対して合計三件の裁判を起こしたのである。請求された金額は、約八〇〇〇万円になった。

わたしの裁判を含め、新聞社が販売問題に関して当事者になっている裁判をクローズアップしていくと、新聞の商取引の実態だけではなくて、新聞崩壊を前にした新聞人の焦りがかいま見える。司法に助けを求めている姿は、SOSを発している巨船にほかならない。

変革の時代に犠牲者が生まれるのは、歴史の常であるが、販売店主もひどい人権侵害を受けている。前出の真村久三氏は、二〇〇一年から読売との係争に巻き込まれ、一〇年近く法廷に立たされている。6章で詳しくのべるが、読売が真村氏の自宅を仮差し押さえする手続きをしたため、現在、全財産を失う危機に直面している。新聞販売問題が人権問題にエスカレートしてきたのである。

わたし個人も読売が起こした二件目の裁判で、東京高裁（差し戻し審）の加藤新太郎裁判長から一一〇万円の賠償金支払いを命じられた。ちなみに加藤判事は、創価学会の池田大作名誉会長が性的暴力事件で提訴された裁判で、「訴権の濫用」を理由に訴えを退けた判事でもある。読売新聞の紙面にも、インタビューというかたちで何度か登場している。読売が原告となった裁判を担当したこと自体に問題があるのではないだろうか。

わたしは一九九七年から新聞社の経営問題を取材してきた。それ以来、これまでに『新聞があぶない』（花伝社）、『「押し紙」という新聞のタブー』（宝島新書）など、新聞に関係した五冊の本を執筆してきた。そして今、新たに六冊目となる本書を出版する。

本書では、前書にはない新しい試みに着手した。それは「（新聞の）偽装部数」という言葉の採用である。

既に述べたように、「押し紙」という言葉の定義は複数存在する。一般の人々は、販売店で過剰になった新聞全般を指して「押し紙」と呼んでいる。過剰になった新聞が押し付けられたものか否かという点を検証することなく、残紙を指して「押し紙」と呼んでいる。

ところが新聞社サイドは「押し紙」を、「押し付けられた新聞」と明確に限定して定義する。裁判所も新聞社サイドの定義を採用してきた。

こうした論点の下では、販売店で多量の新聞が過剰になっていても、これらの残紙が押し売りされたものであることを販売店が立証しない限り、「押し紙」の認定はなされない。その結果、法的には「押し紙」は一部も存在しないとする判例が次々と生れてきた。

事実、日本中の販売店が過剰な新聞を多量に抱え込んで、水面下で社会問題になっているにもかかわらず、少数の例外を除いて、押し売りの証拠がないために、これらの新聞は「押し紙」として認定されていない。そんなバカなことがあるかと驚く読者も多いのではないかと推測するが、「押し紙」の定義を「押し付けられた新聞」と決めてしまえば、押し売りを立証できない限りは、「押し紙」は存在しないことになる。

しかし、余分な新聞が大量に溢れていることも紛れない事実である。それにより新聞社は、自社の公称部数をかさ上げして、紙面広告の収入を増やそうとしている。これらの新聞は法的には「押し紙」ではないわけだから、問題に公権力のメスが入ることもない。

こうした理不尽な実態を告発するためには、過剰になった新聞の性質を的確に象徴する言葉が必要になる。そこでわたしは「偽装部数」という言葉を本書で採用したのである。偽装部数の定義は、新聞が押し付けられたものか否かには関係なく、過剰になっている部数の総称である。その責任が新聞社にあるにせよないにせよ、新聞関係者は、偽装部数により新聞の公称部数を偽っている。これこそが大きな問題なのだ。

日本の新聞社の下部構造はどのような仕組みになっているのだろうか。それを暴くと、どのようなリアクションが返ってくるのだろうか。本書でわたしは、実際に起きた多数の裁判を足がかりとして、日本の新聞社経営の闇に踏み込んだ。

１章　「押し紙」裁判とは何か？

岡山地裁は二〇一一年三月一五日、全国の新聞関係者に衝撃を与える判決を言い渡した。山陽新聞社が直営する販売会社が、傘下の新聞販売店に対して、優越的な地位を利用し、不必要な新聞を強制的に買い取らせていた事実を認定する判決を下したのだ。裁判所が販売会社に命じた賠償額は三七六万円。額こそ少なかったが、新聞関係者たちは新聞の公称部数の偽装問題を正面から突き付けられたのである。

新聞の発行部数が偽装され、誇張されているのではないかという話は、かなり以前から流布していた。公称部数は「読売一〇〇〇万部」、「朝日八〇〇万部」、「毎日四〇〇万部」などと言われてきたが、これらの新聞のすべてが配達されているわけではない。そのことは新聞関係者の間では、周知の事実となってきた。

新聞販売店の裏に積み上げられた「押し紙」。

販売店には購読契約者の数をはるかに超えた新聞が搬入されているというのが定説になっている。店舗に余った新聞を積み上げておくわけにもいかないので、倉庫や裏庭で保管して、人目を避けるために早朝、回収業者に定期的にトラックで搬出してもらう。こうした新聞販売店の実態は昔からあった。

もちろん過剰になった新聞のすべてが新聞社が押し付けたものとは限らない。販売店が自主的に買い取ったものもある。こうした残紙の責任がだれにあるのかは別として、販売店に必要以上の新聞が搬入され、公称部数がかさ上げされてきたことは紛れもない事実である。

偽装部数の問題が、これまで水面下の社会問題にしかなりえなかった責任は、誤った司法判断にあると言っても過言ではない。無論、新聞記者がこの問題をまったく報じなかったことも問題を水面下に押し込めてきた要因には違いないが、最大の要因は司法判断の誤りにある。

だが、この点に踏み込む前に、本書の中心的なテーマである「押し紙」とは何かを明確にしておこう。

「押し紙」とは、新聞社が販売店に買い取りを強要した新聞のことである。たとえば一〇〇〇人の購読契約者に対しては、一〇〇〇部の新聞と若干の予備紙があれば足りるが、一五〇〇部を搬入すれば五〇〇部が「押し紙」になり、一七〇〇部を搬入すれば七〇〇部が「押し紙」になる。これらの新聞についても、新聞社は卸代金を徴収して販売収入を得る。それゆえに「押し売りされる新聞」というニュアンスで「押し紙」と呼ばれているのだ。

しかし、販売店は過剰な新聞を買い取らされたとしても、それをもって必ずしも赤字経営に陥っているとは限らない。と、言うのも新聞に折り込まれるチラシの枚数は、原則として販売店に搬入される新聞の総部数に準じているので、「押し紙」にもチラシがセットになっており、「押し紙」で生じた損害をある程度までチラシの収入で相殺できるからだ。

新聞の搬入部数が二〇〇〇部であれば、たとえそれに「押し紙」が含まれていても、搬入される折込チラシの枚数は、原則として二〇〇〇枚になる。その結果、二〇〇〇枚分のチラシの手数料が入る。たとえば、新聞一部の原価が二〇〇〇円（月極）で、新聞一部に折り込まれるチラシの手数料の総計が一八〇〇円（月極）になれば、二〇〇円の赤字にしかならない。この時に、チラシの手数料の総計が新聞の原価二〇〇〇円を超えると、かえって「押し紙」がメリットになる。

また、新聞社によっては、搬入される新聞の総部数に準じて補助金を支給する場合もある。したがって「押し紙」にも補助金が付くので、販売店に過剰な新聞があるからといって、必ずしも損害を被っているわけではない。それゆえに新聞社は、偽装された部数を指して、「押し紙」という言葉を使わない。自分たちは販売店に対して、新聞を押し付けていないし、損害も与えていないという屈折した理屈があるからだ。

そこで新聞社が「押し紙」の代わりに採用しているのが「積み紙」という言葉である。販売店がより多くの折込手数料や補助金などを得るために、みずから好んで過剰な新聞を注文する結果、店舗の中に積み上げられた新聞という意味である。

ちなみに「押し紙」と「積み紙」の両者を指して、「残紙」と表現することもある。これら三つの言葉を整理すると次のようになる。

（1）「押し紙」：新聞社が販売店に押し付けた新聞。
（2）「積み紙」：販売店が折込チラシを水増しするためにみずから仕入れた新聞。
（3）「残紙」　：「押し紙」と「積み紙」の総称。

ただ、新聞業界の外部にいる人々は、このような区別はしない。社会通念からして、配達予定がない新聞を販売店が好んで買い取ることなどありえず、販売店で過剰になった新聞はすべて押し売りされたものという推測から、「押し紙」と呼んでいるのだ。いわゆる「残紙」がすなわち「押し紙」と考えているのである。本書でも、「押し紙」の定義を「残紙」にまで拡げている。たとえば「押し紙」率という言葉を、残紙率の意味で使っている。あらかじめこの点を強調しておきたい。

「押し紙」裁判の争点

通常、「押し紙」裁判は、販売店側が「押し紙」によって損害を被ったと主張して提起する。これに対して新聞社は、販売店が「押し紙」と主張している新聞は、実は「積み紙」のことであると切り返してくる。このような争点になっているために、発行部数の偽装が広告主に与える被害や資源の無駄使いによる環境破壊などについては忘れがちになる。

一般の人々にとっては、偽装部数（残紙）の中身が、「押し紙」なのか、それとも「積み紙」なのかは強い関心ごとではない。

岡山地裁の判決よりも前の時期に行われた「押し紙」裁判では、すべて新聞社が勝訴してきた。裁判所は、「押し紙」の存在を認定してこなかった。偽装部数の中身を「積み紙」と見なしてきたのである。

ところが一般の人々には、「積み紙」の概念がない。普通の商取引で販売予定のない商品を購入する慣行がないからだ。その結果、新聞社が勝訴するたびに、販売店に残紙は存在せず、搬入された新聞はすべて配達されているという誤解が広がり続けたのである。「押し紙」が存在しないという司法認定が、偽装部数も存在しないことを意味するものと誤解されてきたのである。ここに新聞の公称部数をめぐる偽装が放置されてきた大きな原因があったのだ。

ところが山陽新聞の「押し紙」裁判で、裁判所が「押し紙」を認定したために、偽装部数の問題が水面下から急浮上してきたのである。

山陽新聞の「押し紙」を認定

裁判所が販売店に余った新聞が「押し紙」なのか、それとも「積み紙」なのかを判断する基準は、店主が過剰な新聞の受け入れをはっきりと断ったか否かという点にある。断っているのに押し付けられたら、「押し紙」である。断っていなければ、「積み紙」とみなされる。そのほかの判断基準は枝葉末節に過ぎない。

山陽新聞の元店主が提起した「押し紙」裁判でもこのような判断基準が採用された。

原告の原渕茂浩氏は、二〇〇〇年六月から二〇〇七年二月まで岡山市の岡輝販売センターという販売店を経営してきた。商契約を交わしていたのは山陽新聞の販売会社・山陽新聞販売㈱である。

訴状によると山陽新聞販売は、原渕氏が希望する新聞の注文部数を超えた部数を一方的に搬入して、卸代金を請求していたという。それによって原渕氏が被った損害額の累積を総計すると、廃業時には約三〇〇〇万円にも達していた。

水増しされた新聞部数の割合は、時期により変動があるが、おおむね一五％前後で推移していたという。

たとえば二〇〇七年二月の実配部数は一五二四部だったが、それをはるかに上まわる一八七五部が搬入されていた。三五一部が「押し紙」だった。「押し紙」率は一九%（黒藪注：予備紙の二%を含めて計算）である。

裁判所は、原渕氏が経営者であった時期を前期と後期の二期に分け、それぞれの時期について、原渕氏が偽装部数を断ったかどうかを検証している。

まず、裁判所が最初に検証対象にした時期は、二〇〇三年二月から二〇〇四年六月の期間である。この時期、山陽新聞販売は岡輝販売センターに対して約一八〇〇部の新聞を搬入していた。しかし、毎月一〇〇部から三〇〇部ぐらいの偽装部数があった。これらの残紙の読者は、帳簿上では原渕氏になっていた。架空の領収書も存在する。

「押し紙」裁判に勝利した原渕茂浩氏。

結論を先に言えば、裁判所はこの期間に関しては、原渕氏が偽装部数を断っていなかったと判断した。断らなかったのは、山陽新聞販売との間で取り交わしていた商契約の内容を警戒したからだ。
商契約によると販売店は、山陽新聞の普及に努める義務を負っている。そして契約の規定に反したり、親会社の名誉を傷つけたり損害を与えた場合、山陽新聞販売は商契約を解除できる。こうした条項があるために裁判所は、原渕氏が多少の不利益を覚悟して、みずから偽装部数を引き受けていた可能性があると判断した。つまり新聞が過剰になっていたとはいえ、それは原渕氏の判断で受け入れた結果であるとみなしたのだ。はっきりと偽装部数を断っていなかったために、このような判断を下されたのである。
判決は次のように述べている。

原告（原渕）が、努力不足を責められたり、強制改廃される危険等を回避したりするため、多少の不利益を覚悟し、自己の意思で注文部数を超える部数の取引を行うことも、十分に考えられることである。

さらに次のような事情も偽装部数を断らなかった原因と見なされた。山陽新聞販売と販売店は、年に一回の割合で新聞の拡販目標部数を決定するために話し合いを持っていた。拡販目標部数が実質的には、搬入部数になる。従ってすでに多くの偽装部数を抱え込んでいれば、目標部数を低く設定するよう交渉できる。交渉に成功するかどうかは別にして、少なくとも交渉権は持っている。

この点に関して裁判所は、原渕氏経営の岡輝販売センターとは別の二店が山陽新聞販売と交渉して、目標部数を低く設定させた事実を重視した。つまり「押し紙」を断った店主がいたにもかかわらず、原渕氏は断っていなかった事実を重視して、「山陽新聞販売が、各販売センターの意思を無視して目標数を一方的に決定」していたとは言えないと判断したのである。

このように偽装部数で販売店が不利益を被っていても、それを明確に断った証拠がなければ、損害賠償は認められない。司法判断のハードルはきわめて高いと言わなければならない。

しかし、裁判所はもうひとつの検証期間、つまり二〇〇四年七月から廃業までの期間については、原渕氏が偽装部数を断ったことを部分的に認め、山陽新聞販売に損害賠償を命じたのである。

偽装部数の受け入れを断った発端は、二〇〇四年六月、岡輝販売センターの販売区域であるＪＲの社宅が立ち退きになったことである。立ち退きにより、読者が減るわけだから、原渕氏は、これを機に搬入部数を九〇部減らすように申し入れた。しかし、当時の販売部長はこれを拒否した。拒否の理由は、ＪＲの社宅がなくなっても九〇部も新聞が減るとは考えなかったことに加えて、同じ配達地区に別の集合住宅がオープンする予定があったからだ。部数のマイナスとプラスを差し引きすると、部数を調整する必要はないと考えたのである。

偽装部数の排除要求を拒否された原渕氏は交渉を諦めて、従来の部数を注文し続けた。

しかし、証人調べの中で、山陽新聞販売の側は、原渕氏が偽装部数を断ったことを認めてしまったのである。これが決定な押し付けの証拠となり、裁判所はこの九〇部（一日につき）に限っては、「押し紙」であると認定したのだ。判決は次のように述べている。

以上のとおりであるから、原告の減紙の申入れに対し山陽新聞販売の行った申入れ拒否の態度は、原告にとって不必要な九〇部数もの新聞の購入を事実上強制するものであると評価されるべきである。また、原告の減紙申入れは、単に一か月分に限った減紙を内容とするものではなく、継続的な減紙を内容とするものであるところ、山陽新聞販売はその申入れを拒否したものであるし、取引上劣位にある原告としては、優越的地位にある山陽新聞販売に申入れを拒否されて以降、再び減紙の要求をすることは極めて困難であり、それにもかかわらず同社が申入れの拒否を撤回せず減紙を容認する姿勢を明示しないことは、同社が原告に対し九〇部数の購入を事実上強制し続けていると評価できるものである。

裁判所が認定した「押し紙」の部数はたった九〇部であったが、「押し紙」裁判で史上初めて販売店の主張が認められ、三七六万円の支払いが命じられたのである。

裁判所は、二〇〇三年二月から二〇〇四年六月の期間においては既に述べたように、原渕氏が「押し紙」を断っていなかったと判断した。これに対して改廃に至るまでの後半の時期は、断ったと判断したのである。

原渕氏の勝訴は、部数偽装の問題は単なる憶測ではなくて、実在することを知らしめた。仮に販売店が敗訴していても、偽装部数が客観的に実在することには変わりないが、一般の人々はそんなふうには考えない。「押し紙」が存在しないと裁判所が認定すれば、残紙も存在しないものと勘違いする。それゆえに偽装部数の問題を社会に知らしめるためには、どうしても販売店が裁判で勝訴することが不可欠になる。原渕氏の勝訴の意義は、このあたりにあるのだ。

偽装部数を維持する手口

新聞社は、たとえ販売店に対して「押し紙」を強要しても、販売店が経営破綻しないように「管理」しなければならない。経営破綻すると、新聞の宅配ができなくなるからだ。

そのための販売政策がどのようなものであるのかを、毎日新聞関町販売所を例に具体的に説明しよう。偽装部数を維持するためのからくりがあるのだ。

現在、東京地裁で「押し紙」裁判を闘っている毎日新聞関町販売所の元店主・石橋護氏が所持する自店の内部資料によると、二〇〇八年一〇月における同店の部数内訳は次のようになっている。

搬入部数：一二〇〇部

実配部数：六六二部
残紙　　：五三八部

「押し紙」率は四五％にもなる。もちろん毎日新聞社は、五三八部の偽装部数についても卸代金を請求していた。しかし、偽装部数には、読者がいないわけだから、石橋氏は自分でその代金を負担しなければならなかった。石橋氏の負担はどの程度だったのだろうか。

同店における毎日新聞の卸原価は、セット版（朝刊と夕刊）が二二九六円で、統合版（朝刊のみ）が一七三六円である。偽装部数については、セット版と統合版に区別した部数内訳が記録として残っていないので、両者の平均値を卸価格として仮定する。それを前提に次の数式でシミュレーションすると、「押し紙」一部の卸価格は月極で二〇一六円になる。

（二二九六円＋一七三六円）÷二＝二〇一六円

これに偽装部数の五三八部をかけると、ひと月の偽装部数の卸代金が算出できる。次の計算式が示すように一〇八万四六〇八円になる。

五三八部×二〇一六円＝一〇八万四六〇八円

約一〇八万円が偽装部数により発生した石橋店主の自己負担ということになる。逆説的に言えば、これは新聞社が偽装部数により得たグレーな販売収入である。

ちなみにこの月の石橋氏に対する新聞代金の請求額総計は、約二六七万円だった。このうちの一〇八万円が偽装部数から生じた額である。請求額に対して偽装部数の代金が示す割合は、約四〇％である。

このような状態が延々と続いた場合、常識的に考えると販売店の経営は成り立たない。しかし、それを成り立たせる二つの販売政策があるのだ。

結論を先に言えば、本章の前半で若干ふれたように、それは販売店が折込チラシを水増しする方法と、新聞社が販売店へ補助金を投入する方法である。これら二つの方法で販売店の赤字化を防ぐ政策が、慣行として定着しているのだ。

前者については、既に述べたように折込チラシの発注枚数は、販売店へ搬入される部数に一致させる基本原則があるので、帳簿上は偽装部数についても折込チラシが折り込まれることになる。当然、広告主からは、偽装部数に折り込んだチラシの代金を徴収する。こうして得た折込チラシの手数料で、偽装部数で生じた損害の一部、あるいは全部を相殺するのである。

ただ、最近は広告主が自主的に発注枚数を減らす傾向が顕著になっており、新聞社と販売店の思惑どおりにいかない場合も増えている。チラシの水増し徴収だけで、損害の全てを相殺できるケースは減っている。石橋氏の店では、特にチラシが少なかった。毎日新聞に偽装部数が多いことが、広告主の間にも知られるようになってきた結果に違いなかった。

一方、補助金を利用して偽装部数の損害を相殺する方法は、依然として中心的な販売政策の位置を占めていた。石橋氏のケースに則して、検証してみよう。

毎日新聞社は、この月、石橋氏に対してさまざまな種類の補助金を総額で一四〇万九七五〇円支給した。一方、すでに述べたように、石橋氏は偽装部数の卸代金として一〇八万円の支出を自腹を切って負担した。両者を差し引きすると石橋氏は、偽装部数で生じる一〇八万円の損害を、一四〇万円の補助金で相殺した計算になる。厳密に言えば、偽装部数の負担額を相殺した上に、さらに三二万円の利益を得ているのだ。この三二万円は、「押し紙」政策に協力したことに対する報酬とも考え得る。

このような構図を逆説的に見れば、毎日新聞社は補助金を支給することで、石橋氏に偽装部数を買い取ってもらった形になる。もちろん表向きには、補助金は偽装部数を買い取るために支給されているのではないが、たとえ補助金の名目がなんであれ、補助金は販売店の収入であるから、結果として偽装部数を買い取る資金源になっていると解釈できるのだ。

補助金は販売店経営の命綱にほかならない。新聞社が補助金を削除すれば、販売店は偽装部数で生じる損害を相殺できなくなり、最悪の場合には赤字経営に陥る。販売店が偽装部数を断れない背景に、補助金を削除されることに対する恐怖があることは言うまでもない。

しかし、読者は次のような疑問を抱くかも知れない。補助金を支給しないかわりに、偽装部数を廃止する方針を選択する方が合理的ではないかと。販売店に投入した補助金は、偽装部数の卸代金に化けて新聞社に戻ってくるわけだから、無駄なプロセスではないかと考えるかも知れない。

だが、これに対する答えは極めて簡単だ。補助金の支給を中止するかわりに、偽装部数も廃止すれば、新聞の公称部数をかさ上げして、紙面広告の媒体価値を高める広告戦略が成り立たなくなる。紙面広告の媒体価値は、新聞の発行部数に比例する原則があることは周知の事実である。

日本広告業協会が提示している広告の掲載価格（一段一センチのスペース、二〇〇七年下半期）は次のようになっている。（括弧）内は新聞の公式の発行部数を意味するＡＢＣ部数である。

読売：一六万三〇〇〇円（九九八万部）
朝日：一五万六〇〇〇円（八一〇万部）
毎日：一〇万八〇〇〇円（三九四万部）
産経：　五万五〇〇〇円（二二〇万部）

左に示すのは、二〇一〇年度決済で、最高裁判所が読売、朝日、毎日の三社に支払った裁判員制度のPR広告（全面一五段）の広告費である。PR広告は二回掲載されており、カッコ内が平均の価格である。

読売：一億　五一〇万円（五二五五万円）
朝日：　八九六二万円（四四八一万円）
毎日：　六二七四万円（三一三七万円）

ABC部数に準じて広告の価格設定が行われている典型的な例である。新聞社が偽装部数を排除しようとしないゆえんである。

庁　費

最高裁判所

¥195,222,000−　¥367,053,000−

監査課長　用度課長　主計課長　総務課長

最高裁判所　事務総局経理局用度課役務調達係　御中

平成 21 年 4 月 1 日

請　求　書

件名

裁判員制度広報（新聞広告、雑誌広告、インターネット広告等）の
企画、制作、広告掲載等実施業務

KOKOKUSHA
[redacted]
廣告社株式会社
[redacted]
〒104-8111
東京都中央区銀座6−8−7交詢ビル
代表取締役社長　湯澤 斉
[redacted]

【新聞広告】

媒体名	回数	段数	段単価	カラー料金	掲載費
朝日新聞(朝刊/全国版/カラー)	1	15	2,230,000	6,820,000	40,270,000
朝日新聞(朝刊/全国版/モノクロ)	1	15	2,230,000		33,450,000
毎日新聞(朝刊/全国版/カラー)	1	15	1,470,000	6,090,000	28,140,000
毎日新聞(朝刊/全国版/モノクロ)	1	15	1,470,000		22,050,000
読売新聞(朝刊/全国版/カラー)	1	15	2,870,000	7,680,000	50,730,000
読売新聞(朝刊/全国版/モノクロ)	1	15	2,870,000		43,050,000
日経新聞(朝刊/全国版/カラー)	1	15	1,020,000	4,410,000	19,710,000
日経新聞(朝刊/全国版/モノクロ)	1	15	1,020,000		15,300,000
産経新聞(朝刊/全国版/カラー)	1	15	780,000	2,160,000	13,860,000
産経新聞(朝刊/全国版/モノクロ)	1	15	780,000		11,700,000
北海道新聞(朝刊/カラー)	1	5	450,000	720,000	2,970,000
北海道新聞(朝刊/モノクロ)	1	5	450,000		2,250,000
中日新聞(東京含)(朝刊/カラー)	1	5	1,070,000	1,750,000	7,100,000
中日新聞(東京含)(朝刊/モノクロ)	1	5	1,070,000		5,350,000
西日本新聞(朝刊/カラー)	1	5	360,000	720,000	2,520,000
西日本新聞(朝刊/モノクロ)	1	5	360,000		1,800,000
東奥日報(朝刊/カラー)	1	5	180,000	310,000	1,210,000
東奥日報(朝刊/モノクロ)	1	5	180,000		900,000
秋田魁新報(朝刊/カラー)	1	5	170,000	270,000	1,120,000
秋田魁新報(朝刊/モノクロ)	1	5	170,000		850,000
岩手日報(朝刊/カラー)	1	5	180,000	310,000	1,210,000
岩手日報(朝刊/モノクロ)	1	5	180,000		900,000
河北新報(朝刊/カラー)	1	5	210,000	630,000	1,680,000
河北新報(朝刊/モノクロ)	1	5	210,000		1,050,000
山形新聞(朝刊/カラー)	1	5	170,000	320,000	1,170,000
山形新聞(朝刊/モノクロ)	1	5	170,000		850,000
福島民報(朝刊/カラー)	1	5	170,000	270,000	1,120,000
福島民報(朝刊/モノクロ)	1	5	170,000		850,000
福島民友(朝刊/カラー)	1	5	140,000	270,000	970,000
福島民友(朝刊/モノクロ)	1	5	140,000		700,000
茨城新聞(朝刊/カラー)	1	5	120,000	270,000	870,000
茨城新聞(朝刊/モノクロ)	1	5	120,000		600,000
下野新聞(朝刊/カラー)	1	5	160,000	330,000	1,130,000
下野新聞(朝刊/モノクロ)	1	5	160,000		800,000
上毛新聞(朝刊/カラー)	1	5	150,000	360,000	1,110,000
上毛新聞(朝刊/モノクロ)	1	5	150,000		750,000
静岡新聞(朝刊/カラー)	1	5	280,000	450,000	1,850,000
静岡新聞(朝刊/モノクロ)	1	5	280,000		1,400,000
山梨日日新聞(朝刊/カラー)	1	5	160,000	270,000	1,070,000
山梨日日新聞(朝刊/モノクロ)	1	5	160,000		800,000
信濃毎日新聞(朝刊/カラー)	1	5	210,000	450,000	1,500,000
信濃毎日新聞(朝刊/モノクロ)	1	5	210,000		1,050,000
新潟日報(朝刊/カラー)	1	5	210,000	450,000	1,500,000
新潟日報(朝刊/モノクロ)	1	5	210,000		1,050,000
北日本新聞(朝刊/カラー)	1	5	170,000	270,000	1,120,000
北日本新聞(朝刊/モノクロ)	1	5	170,000		850,000

広告代理店・廣告社が最高裁に送った請求書。裁判員制度の紙面広告の価格が確認できる。読売に対する支払いは年間で約１億円。請求書は最高裁に対する情報公開請求で入手した。

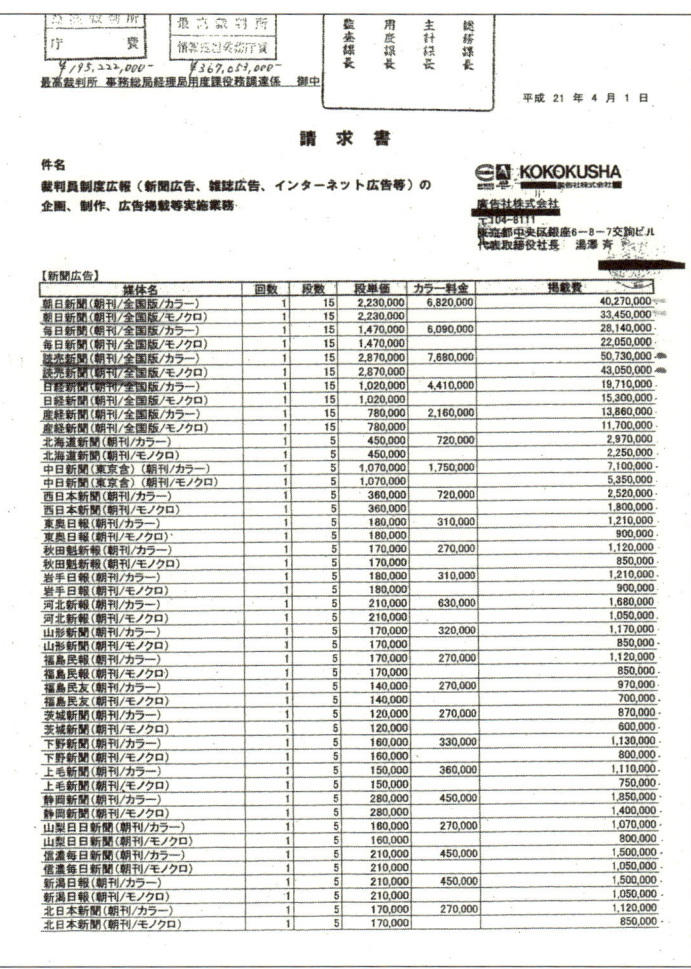

しかし、最近は一般の広告主に関しては、ＡＢＣ部数と広告料金の関係が曖昧になってきたことも事実である。たとえば次に示すのは、読売新聞社のここ一〇年におけるＡＢＣ部数、広告収入、それに販売収入（ＡＢＣ部数）の比較である。

【二〇〇二年三月期】
ＡＢＣ部数：一〇一五・二万部
販売収入　：二六四九億円
広告収入　：一五〇六・九億円

【二〇一一年三月期】
ＡＢＣ部数：一〇〇二・四万部（落ち込み幅は一・二六％）
販売収入　：二五六〇億円（落ち込み幅は三・三九％）
広告収入　：八〇一・二億円（落ち込み幅は四六・八四％）

数字が示すように、ＡＢＣ部数はわずかに一・二六％微減したに過ぎない。当然、販売収入も微減だ。ところが広告収入だけが四六・八四％も落ち込んでいるのだ。

このような現象が起きたのは、「ＡＢＣ部数＝実配部数」ではないという推測が広がった結果、紙面広告の需要が低下して媒体価値が下がったと解釈することができる。しかし、それは最近の現象であって、ＡＢＣ部数の大小で広告の媒体価値を争った時代が長らく続いたことは紛れもない事実である。

とはいえ、状況が変化したからと言って、急に偽装部数を排除すれば、広告主はこれまで騙されていたことに気づき、新聞社に対する不信感は一層広がる。媒体価値がさらに落ち込む可能性が高い。それゆえに新聞社は、偽装部数を維持せざるを得なくなっているのである。これまで隠してきた偽装部数を排除することは、たやすいことではない。しかし、それも限界に近づいている。こうした時代に岡山地裁で誕生したのが、新聞社の「押し紙」を認定した判例である。

その意味で原渕店主が「押し紙」裁判に勝訴したことは、日本の新聞業界の恐るべき実態を打破するための大きな一歩となった。

2章　公称部数を偽る新聞社の大罪

新聞販売店が提起する代表的な裁判には、前章で取り上げた「押し紙」裁判の他に「地位保全裁判」がある。これは新聞社が一方的に改廃を通告したり、実際に改廃を断行した場合に、店主がみずからの地位を保全するために起こす裁判だ。

実は地位保全裁判においても、偽装部数の中身が「押し紙」か、それとも「積み紙」かが争点となることが多い。店主としての地位を認めるか認めないかを争う裁判と、偽装部数の中身を検証する作業はどのような関係にあるのか、以下、順を追って説明しよう。

引き合いに出すのは二〇〇二年に福岡県のＹＣ（読売新聞販売店）広川の店主・真村久三氏が起こした訴訟である。真村裁判は第一次訴訟と第二次訴訟があり、一〇年が過ぎた現在でも第二次訴訟が続いている。第一次訴訟は真村氏の勝訴だった。

真村氏は新聞販売店の経営を始める前は、自動車教習所で教官として働いていた。自宅を新築したのに伴い住宅ローンが発生したので、脱サラして自分で事業を始めて収入を増やそうと考え、ＹＣ店主の一般公募に応募した。

真村氏は、新聞販売店の経営は手堅い事業だと信じて疑わなかった。「読売」という名前に信頼を置いていたからである。新聞業界の商取引の実態を知らない人にとって、新聞社には「正義」のイメージがある。

幸か不幸か真村氏は店主に採用され、研修を受けた後、一九九〇年一一月、約一二〇〇万円を投資してＹＣ広川の開業にこぎつけた。この時点におけるＹＣ広川の実配部数は約一五〇〇部だった。しかし、前任の店主から受け継いだ購読契約が次々と満期になって部数減が続き、二年後には一二〇〇部を切ってしまった。それにともなって約三〇〇部の残紙が発生した。

抜本的な対策が必要だと感じた真村氏は営業専門の従業員を採用した。通常、拡販業務は、配達のあいまに専従や新聞奨学生、それに外部の新聞セールス団が行うことが慣行化している状況下で、真村氏が選んだ戦略は斬新だった。

さらにオリジナルの制服を作った。こうした対策を取った結果、部数は徐々に回復して開業から五年後には失った部数をほぼ回復した。その後、部数をさらに伸ばした。その結果、読売本社からロッカーを贈られるなど、優秀な店主として信頼を得るようになったのである。読売は営業成績が優れた店主に対しては、手厚い支援をおしまない。

トラブルが発生したのは、開業から一〇年が過ぎた二〇〇一年五月一七日だった。読売の担当員・川本氏（仮名）がＹＣ広川にやってきて、同店の配達区域の一部を読売本社に返上するように申し入れたのである。この区域の配達部数は約五〇〇部だった。これを奪われると、ＹＣ広川は月額で約二〇〇万円の減収になる。

後に判明したことであるが、読売がこのような方針を取った背景には、真村氏に返上させた区域を隣接するＹＣへ譲渡する計画があったようだ。そのＹＣは、久留米市を中心とする筑後地区で最も有力な店主・服部光男氏（仮名）の弟が経営していた。

服部氏は複数のＹＣを経営しているほか、折込チラシの代理店や新聞セールスチームを経営するなど、幅広く新聞ビジネスを展開していた。読売の販売局とも太いパイプを持っていた。服部氏はかつて数人のＹＣ店主と一緒に外車でＹＣ広川の店舗へ押しかけてきて、真村氏に暴力を振るったこともあった。真村氏を中心に新しい新聞セールス団を結成する動きがあり、服部氏が自分が経営する新聞セールスチームの権益を奪われることを恐れて恫喝したようだ。

真村氏は配達区域の一部を返上する提案を断った。要求に応じれば図にのって、将来的には、すべての区域の返上を求められることを警戒したのである。と、言うのも服部氏は読売の支援を得ながら、筑後地区のＹＣを次々と手に入れてきた経緯があるからだ。

真村氏は、知人の紹介で久留米市で弁護士事務所を開いている江上武幸弁護士に相談した。しかし、江上弁護士は当初、この事件をあまり深刻には受け止めてはいなかったようだった。

相手が新聞社なので、簡単に話し合いで解決できると考えたらしい。ところがやがて江上弁護士は「虎の尾を踏んだ」ことに気付く。

営業区域の一部返上に応じない真村氏に対して読売は、ＹＣ広川の改廃を通告してきた。そこで真村氏は裁判所に地位保全の仮処分を申し立てた。

裁判所は真村氏の申し立てを認めた。店主としての地位を保全したのである。

しかし、読売はＹＣ広川を改廃する方針を変更しようとはしなかった。有形無形の圧力を真村氏にかけてきたのである。たとえば八カ月で新聞を一一〇部増やすように求め、それが達成できない場合は取り引きを中止されても異議を申し立てないという内容の誓約書に捺印するように迫った。

無論、真村氏は捺印を断った。一一〇部を八カ月で増やすノルマは、実質的に無理な注文であったからだ。

また、読売は真村氏が本訴を起こした場合の制裁措置を提示して提訴を牽制した。それは次のように一方的な内容だった。

1、筑後読売会から脱会させる。

2、息子（ＹＣ広川の従業員）を退職させる。

3、労災関係を一切打ち切る。

4、書類関係は一切提出しなくてもよい。
5、本社としては一五〇〇部ぐらいの店（YC広川のこと）は、捨てる用意がある。
6、今後、YC広川を「死に店」として扱う。

さらにその後、川本担当が自筆で書いたメモを真村氏に突きつけた。後に問題になる文書で、YC広川に対する一切の援助を打ち切る旨などが自筆で記されていた。

読売からの圧力に押された真村氏は、最後の手段として、二〇〇二年、福岡地裁久留米支部で地位保全裁判の本訴に踏み切った。

おりしもこの時期に久留米市のYCでも類似した事件が起こっていた。服部氏による事業拡張計画の中で読売は、YC久留米中央とYC宮ノ陣を強制廃業の対象にしたのだ。そこで真村氏ら三店主が原告になって裁判を起こしたのである。これが俗に真村訴訟と呼ばれる裁判である。

しかし、YC久留米中央はすでに経営権を奪われていたこともあって、和解解決した。またYC宮ノ陣に対する事柄はほとんど争点にならなかった。

結局、最後まで争いになったのは、真村氏のケースだった。

幸いに当時の読売弁護団は柔軟で、江上弁護士は判決が出るまでは一方的にYC広川を改廃しないという内容の紳士協定を結ぶことに成功した。

裁判は地裁だけで五年の歳月を費やした。法廷での有名なエピソードも残っている。証人として服部氏が出廷したさいに、黒服に身を包んだ男たちが傍聴席を占めた。そして服部氏の尋問が終了すると同時に一斉に起立して、大きな拍手をしたのである。

福岡地裁久留米支部は、二〇〇六年九月、真村氏の地位を保全する判決を下した。さらに翌二〇〇七年六月には、福岡高裁が真村氏を勝訴させた。そして同年の一二月に最高裁が読売の上告受理申立を不受理にしたことで、判決が確定したのである。これが第一次真村訴訟の流れである。

「積み紙」が改廃理由に

真村訴訟は地位保全裁判であるから、裁判所は商契約の解除が有効か無効かを判断する。その際に重視するのは、商契約に定められた契約解除条項である。

読売に限らず新聞社は、販売店との商契約に例外なく契約解除の条項を設けている。どのような状況が発生したときに、新聞社は商契約の満期を待つことなく、販売店との取り引きを打ち切ることができるかを明記した条項である。その中に新聞社の名誉を毀損したり、相互の信頼関係が破壊された場合に契約を解除できる条項がある。たとえば読売が真村氏と交わした契約書には、第一一条として「乙（真村）が次の各号の一に該当する場合は、甲（読売）は催告を要せず直ちに本契約を解除することができる」と明記したうえで、一四項目をあげている。

その中に次のような条項がある。

甲（読売）の名誉又は信用を害し、あるいはその他甲に損害を及ぼす行為があったとき。

しかし、名誉の毀損、信用の失墜、損害の発生といった概念は、解釈の仕方によっては極めて幅広く適用できる。典型的な例をあげれば販売店が折込チラシの水増し行為をやれば、親会社である新聞発行本社の信用を傷つけたことになる。しかし、チラシの水増しは特に珍しい行為ではない。新聞業界では暗黙の了解のうちに慣行化している。また、新聞セールス団の中にたまたま紛れ込んでいた暴力団関係者に新聞拡販の仕事を依頼しても、新聞社の看板を汚したと解釈されかねない。

名誉、信用、損害などを口実にすれば、新聞社は極めて簡単に販売店を改廃することができ、しかも訴訟沙汰になったときにも正当性が認められやすい。

そこで新聞社が販売店を改廃するに際して常套手段として持ち出してくるのが「積み紙」の問題である。販売店が「積み紙」の存在を隠していたことが原因で、新聞市場の動向を正しく把握できず、新聞社の経営戦略が負の影響を受けたと主張してくる。

なぜ、新聞社は地位保全裁判になると決まってこの論点を持ち出してくるのだろうか。答えは簡単で、大半の販売店が偽装部数を抱えているからだ。あらかじめ過剰な新聞を販売店へ搬入することで偽装部数を作っておけば、販売店を改廃する必要に迫られたとき、偽装部数の中身が「積み紙」であると主張すれば、それが改廃理由になるからだ。補助金ほしさに、販売店が「積み紙」をしていたので強制改廃したと主張すれば、裁判所はそれを認める。

偽装部数の中身が「積み紙」であることを論拠づけるために、新聞社が常套手段として持ち出してくるのが、販売店に提出させる部数内訳を明記した報告書である。わたしが取材した限りでは、ほとんどの新聞社が販売店に報告書の提出を義務づけている。

具体的に部数内訳の報告書はどのようなものなのか、簡単な例をあげて説明しよう。かりに実際の部数内訳が次のようになっているとする。

搬入部数：二〇〇〇部
実配部数：一二〇〇部
予備部数：　五〇部
偽装部数：　七五〇部

偽装部数の七五〇部に注目してほしい。対外的には偽装部数など存在しないことになっているわけだから、販売店が新聞社に提出する報告書の部数内訳に、「偽装部数」という項目はない。

そこで大半の店主は帳簿上で偽装部数を処理する際には、「実配部数」の欄に偽装部数を加えた数字を記入する。偽装部数の中身が、「押し紙」であろうが、「積み紙」であろうが、それを区別することなく、「実配部数」の欄に偽装部数を加算して報告するのだ。

その結果、右記の例でいえば、次のような内訳になる。

搬入部数：二〇〇〇部
実配部数：一九五〇部
予備部数：　五〇部

販売店はこの部数内訳を新聞社に報告するのだ。

もちろん異なった処理をする店主も皆無ではない。たとえば偽装部数を「予備紙」の欄に加えて報告する例もある。しかし、わたしが調べた限りでは、それはむしろ極めて少数の例外である。右記のように報告するのが、新聞業界では慣行化している。

このような慣行が定着したのは、「押し紙」が、独禁法で禁じられているからだ。「予備部数」があまりにも大きな数字になると、第三者（たとえば公取委）が監査した場合、「押し紙」部数が加算されている疑惑を抱くリスクが生じる。そうなると新聞社が指導の対象になる。そこで暗黙の了解として、「実配部数」に偽装部数を加算して報告する慣行が定着したのである。

　しかし、報告書の中身を法的な観点からみれば、部数内訳の虚偽報告に該当する。従って新聞社は、販売店が「積み紙」を隠すために虚偽の部数内訳を報告していたと主張する。それが原因で信頼関係が破壊されたので、改廃は正当だという理論構成である。

　これに対して販売店は、偽装部数の中身は「押し紙」なので、新聞社に責任があると主張する。ここに地位保全裁判においても、「押し紙」裁判と同様に偽装部数の中味が「押し紙」か「積み紙」かが争点になる理由があるのだ。

　ただ、新聞社が販売店における本当の部数内訳を把握していないのかといえば、答えは「NO」である。自社が販売している商品の数字を正確に把握していなければ、的確な経営戦略の立てようがないからだ。

　新聞社が本当の部数内訳を把握していることを証拠づけるひとつの例として、「朝刊　発証数の推移」と題する毎日新聞社の内部資料を紹介しよう。これは二〇〇五年に外部へ流出した資料で、『ＦＬＡＳＨ』（二〇〇五年二月八日号）や、インターネットのニュースサイト「マイニュースジャパン」などで公表された。そこには全国の毎日新聞販売店が読者に対して発行した領収書の枚数（発証数）と新聞の搬入部数が記入されている。二〇〇二年一〇月の数字は次のようになっている。

参　考

朝刊　発証数の

【発証部数】

	東 京	大 阪	西 部	中 部	北海道	全 社
87/10	1,402,074	1,075,696	523,569	154,769	78,522	3,234,630
88/04	1,383,913	1,099,353	516,534	151,516	79,255	3,230,571
88/10	1,378,201	1,072,133	508,955	150,180	79,881	3,189,350
89/04	1,366,698	1,068,761	507,120	145,895	79,760	3,168,234
89/10	1,333,240	1,046,059	504,833	145,538	79,104	3,108,774
90/04	1,327,246	1,068,515	505,247	142,698	79,040	3,122,746
90/10	1,326,963	1,052,481	509,945	147,774	77,765	3,114,928
91/04	1,320,355	1,056,458	508,235	145,988	77,606	3,108,642
91/10	1,294,575	1,035,840	502,302	145,266	74,252	3,052,235
92/04	1,259,057	1,032,329	499,417	141,603	71,668	3,004,074
92/10	1,238,497	1,018,074	500,985	140,016	70,879	2,968,451
93/04	1,236,508	1,023,933	501,838	140,711	70,091	2,973,081
93/10	1,224,044	1,013,331	499,351	139,866	69,150	2,945,542
94/04	1,201,771	1,011,907	490,289	135,321	67,308	2,906,596
94/10	1,182,977	999,990	486,551	132,830	65,505	2,867,853
95/04	1,172,026	984,490	484,278	129,993	63,703	2,834,490
95/10	1,163,779	987,181	485,565	129,506	62,472	2,828,503
96/04	1,151,512	982,116	486,070	127,191	60,359	2,807,248
96/10	1,141,944	976,768	486,870	126,884	60,181	2,792,647
97/04	1,144,419	973,072	482,680	125,777	61,119	2,787,067
97/10	1,137,371	969,410	481,925	123,969	59,827	2,772,502
98/04	1,135,548	955,508	474,893	122,986	58,095	2,747,030
98/10	1,123,424	946,461	466,999	121,056	59,468	2,717,408
99/04	1,118,253	937,108	461,565	119,322	58,011	2,694,259
99/10	1,100,898	926,620	459,787	116,031	56,620	2,659,956
00/04	1,096,243	907,563	454,233	113,450	56,594	2,628,083
00/10	1,079,087	897,733	451,610	111,568	56,824	2,596,822
01/04	1,074,517	889,419	444,480	107,973	57,709	2,574,098
01/10	1,065,102	881,440	438,955	107,176	56,390	2,549,063
02/04	1,066,302	870,947	433,847	106,209	56,304	2,533,609
02/10	1,054,392	864,356	429,715	105,186	55,490	2,509,139

【５年比較（2002/10月と97/10月の比較）】

	東 京	大 阪	西 部	中 部	北海道	全 社
送り数	19,550	10,758	-9,664	-10,905	4,100	13,839
発証数	-82,979	-105,054	-52,210	-18,783	-4,337	-263,363

	97/10月			02/10月		
	総店数	店扱い部数	発 証	総店数	店扱い部数	発 証
東 京	2,253	1,587,290	1,137,371	2,262	1,606,840	1,054,392
大 阪	1,844	1,425,876	969,410	1,822	1,436,634	864,356
西 部	1,303	673,490	481,925	1,280	663,826	429,715
中 部	659	184,177	123,969	669	173,272	105,186
北海道	471	68,972	59,827	424	73,072	55,490
全 社	6,530	3,939,805	2,772,502	6,457	3,953,644	2,509,139

毎日新聞社から外部へ流出した内部資料「朝刊発証数の推移」。

搬入部数：三九五万三六四四部
発証数　：二五〇万九一三九部

発証数がほぼ実配部数にあたることは論を俟たない。発証数と搬入部の差異にあたる約一四四万部が偽装部数である。おそらく他社も何らかの方法で、実配部数を把握していると考えるのが自然だ。

部数至上主義

読売は真村氏を解任するために、さまざまな理由を持ち出してきた。しかし、真村氏は優秀な店主だったので、解任理由がなかなか見つからない。

結局、最後まで争点として残ったのは、部数内訳を虚偽報告していた事実をどう評価するのかという点だった。

真村氏も約一三〇部の偽装部数を実配部数に加算して報告していた。これら一三〇部の経理上の根拠をつくるために、パソコン上に「二六区」と名付けた架空の配達地域を設定して、そこに架空の「読者」一三〇人を登録したのである。法的な観点からこのような事務処理を見れば、読売に報告されたこれらのデータは事実と異なっているので、「虚偽」である。

読売はこの点に固執して、虚偽報告により、ＹＣ広川との信頼関係が破壊されたと主張し、契約解除の正当性を主張したのである。もちろんこのような理由は、真村店主を解任することを決定した後に、後から取ってつけた口実であるが。

裁判所は真村氏による虚偽報告の事実を認定したものの、次のように読売の販売政策を批判して、改廃を認めなかった。福岡高裁判決を引用してみよう。

しかしながら、新聞販売店が虚偽報告をする背景には、ひたすら増紙を求め、減紙を極端に嫌う一審被告の方針があり、それは一審被告の体質にさえなっているといっても過言ではない程である。

さらに偽装部数の存在を読売が把握していたことを、次のように認定した。

（略）

このように（黒薮注：読売は）、一方で定数（黒薮注：定数とは搬入部数）と実配数が異なることを知りながら、あえて定数と実配数を一致させることをせず、定数だけをＡＢＣ協会に報告して広告料計算の基礎としているという態度が見られるのであり、これは、自らの利益のためには定数と実配数の齟齬をある程度容認するかのような姿勢であると評されても仕方のないところである。そうであれば、一審原告真村の虚偽報告を一方的に厳しく非難することは、上記のような自らの利益優先の態度と比較して身勝手のそしりを免れないものというべきである。

「自らの利益のためには定数と実配数の齟齬をある程度容認するかのような姿勢」を取っていたわけだから、読売にとって偽装部数がメリットになっていたことになる。すなわち裁判所は偽装部数の中身を読売による「押し紙」であると判断したのである。従って真村氏が虚偽の部数内訳を報告していたことが事実であるにしろ、それをもって改廃理由にはならないと判断したのである。

もし、偽装部数の中身が「積み紙」と認定されていたら、改廃が正当と判断されたはずだ。

しかし、繰り返しになるが、偽装部数の中身が「押し紙」なのか、それとも「積み紙」なのかは、身内同士の争いであって、一般の人々にとってはあまり重要ではない。一般の人々にとって問題なのは、新聞社と販売店が偽装部数によって国民を欺いている事実である。また、新聞社が紙資源を無駄遣いしている事実である。さらには広告主を騙していることである。新聞業界内の争いでどちらに軍配があがろうが、それとは無関係に偽装部数はさまざまな社会問題を引き起こす。

日本の新聞社は世界でも群を抜いた発行部数を誇る。二〇〇八年の世界新聞協会のデータによると、次に示すように一位から五位を日本の新聞社が占めている。

Top 100 paid-for newspapers [edit]

Rank	Newspaper	Country	Circulation (thousands)	Language	Owner
1	*Yomiuri Shimbun*	Japan	14,067	Japanese	Yomiuri Shimbun Group
2	*Asahi Shimbun*	Japan	12,121	Japanese	Asahi Shimbun Group
3	*Mainichi Shimbun*	Japan	5,587	Japanese	The Mainichi Newspapers Co., Ltd.
4	*Nihon Keizai Shimbun*	Japan	4,635	Japanese	Nihon Keizai Shimbun, Inc.
5	*Chunichi Shimbun*	Japan	4,512	Japanese	Chunichi Shimbun Co., Ltd.
6	*Bild*	Germany	3,548	German	Axel Springer AG
7	*Reference News*	China	3,183	Chinese	Xinhua News Agency
8	*The Times Of India*	India	3,000	English	Bennett, Coleman and Co. Ltd.
9	*The Sun*	United Kingdom	2,986	English	News International
11	*Daily Mail*	United Kingdom	2,311	English	Daily Mail and General Trust
12	*The Chosun Ilbo*	South Korea	2,300	Korean	Chosun Ilbo Co.
13	*USA Today*	United States	2,293	English	Gannett Company
14	*Tokyo Sports*	Japan	2,230	Japanese	Newspaper Tokyo Sports Inc.
15	*Sankei Shimbun*	Japan	2,204	Japanese	Sankei Shimbun Co., Ltd., Fujisankei Communications Group
16	*JoongAng Ilbo*	South Korea	2,200	Korean	Joongang Media Network
17	*Dainik Jagran*	India	2,168	Hindi	Jagran Prakashan Ltd.
18	*Dong-a Ilbo*	South Korea	2,100	Korean	DongA Ilbo Co.
19	*The Wall Street Journal*	United States	2,012	English	News Corporation
20	*Nikkan Sports*	Japan	1,868	Japanese	Asahi Shimbun Group

世界の新聞発行部数ランキング。夕刊を含む部数（2008 年度、世界新聞協会のデータ）。

一位　読売　一四〇七万部（夕刊を含む）
二位　朝日　一二一二万部
三位　毎日　五五九万部
四位　日経　四六四万部
五位　中日　四五一万部

「六位」になってようやくドイツのＢＩＬＤ紙がランクインする。発行部数は三五五万部である。このような勢力図は、日本の新聞社がいかに特殊かを物語っている（上の図は、一位から二〇位までを示したものである）。巨大な部数を独占すれば、世論を誘導することもできる。読売の渡邉恒雄主筆が政界に強い影響力を持っているゆえんである。

しかし、日本の新聞社の発行部数には、偽装部数が含まれている。偽装部数の中身が

「押し紙」なのか、「積み紙」なのかは別として、偽装部数が含まれている。しかも、かなりその規模が大きいというのが常識的な見方である。

さらにその偽装部数に連動するかたちで、多量の折込チラシが破棄されている。これらの紙を処理するために、古紙回収業が一大産業として成立している。

最近は、回収作業の際に残紙や水増しチラシを隠すために、コンテナ型のトラックも登場している。トラックの行き先は回収業者の倉庫である。そこから残紙は国内外の製紙会社へ運ばれ、トイレットペーパーなどに再加工される。

幸か不幸か、「押し紙」裁判や地位保全裁判が提起されるたびに、偽装部数の実態が明るみになってきた。次章では、これまでの販売店訴訟や新聞販売正常化運動を通じて明るみに出た偽装部数の実態を紹介しよう。偽装の規模は想像以上に大きい。

3章　販売店訴訟で暴露された偽装部数の実態

新聞の偽装部数はいつの時代から登場するのだろうか。この問いに対する正確な回答はむずかしいが、日販協（日本新聞販売協会）が編集した『新聞販売概史』に、戦前からあったことを示す記述がある。

「深刻化する残紙と乱売」と題する章で、「昭和五年」に新聞販売店の店員が「押し紙」を告発した記録が紹介されている。もっともここでは「残紙」という言葉が使われているが、記述全体の主旨から判断して、「押し付けられた新聞」のことである。

記述によると、当時は店員が「押し紙」のしわ寄せを受けていたという。たとえばある販売店が、新聞社から三〇〇部を増紙のノルマとして課せられたとする。この三〇〇部は店員に対して頭数で割り当てられる。店員が一〇人であれば、一人のノルマは三〇部である。

従って「仮に二十五部しか勧誘出来ぬとなれば、五部に対する代金の支払いは配達（員）が」自分の給料から負担する。「さらに配達（員）に集金責任を負わせるから、集金不能の場合にも給料から差引かれて、配達（員）は給料を受けることもできない」。

このような状況の下で、昭和「五年三月十五日付」で、岩月管理所（販売店）の店員が「山積せる残紙は消滅されるでしょうか」と題する告発文を主任宛てに送ったという内容である。

販売店の裏庭に積み上げられた「押し紙」（偽装部数）。

偽装部数は、戦前から存在していたといえよう。岩月管理所の店員による告発が昭和五年、すなわち一九三〇年であるから、日本の新聞業界は、少なくとも八〇年に渡って偽装部数を放置してきたことになる。

戦後になっても、偽装部数問題は解決しなかった。わたしがそのことを知ったのは、『闇の新聞裏面史』（花伝社）の編集過程で、『日販協月報』に接する必要が生じたからである。この本は毎日新聞の元販売店主・高屋肇氏の口頭筆記のかたちで、わたしがインタビューして編集したものである。高屋氏は偽装部数の中身を「押し紙」と断定した上で、その実態についてこんなふうに話した。

「『押し紙』はわたしが新聞業界に入った一九五〇年代か

毎日新聞主筆の岸井成格氏（左）と『闇の新聞裏面史』の著者・高屋肇氏（右）

（1）昭和38年11月25日（昭和36年10月18日 第三種郵便物認可）　日販協月

全国理事会

四項目一歩も引かず

特指・新法は公販協案支持、

日夕廃止、押紙排除を決議

（写真挨拶する内堀会長、その左花田副会長井口専務理事）

昭和 38 年 11 月 25 日付けの『日販協月報』。日販協の全国理事会が「押し紙」の排除を決議したことを伝えている。

らありました。これは昔からの慣行です。『日販協月報』にも、一九七〇年代から『押し紙』についての記述が頻繁に出てきます」

高屋氏のアドバイスに従って、『日販協月報』を調べてみると、確かに七〇年代から、九〇年代の初頭まで「押し紙」に関する記事が断続的に掲載されている。この時期に「押し紙」問題が深刻になってきた反映に違いなかった。

『日販協月報』から、「押し紙」に関する古い記述を二、三紹介してみよう。たとえば一九七二年三月一五日付けの同紙には、「販売首脳部を訪問」という見出しの記事が掲載されている。これは日販協の幹部が在京新聞社の販売局幹部を訪問して、いくつかの申し入れを行ったという内容である。

記事には新聞販売正常化についての申し入れ文書も添付されている。そこには新聞社に対する具体的な要求項目として、「増紙割当による残紙がないよう監視されたし」という一文がある。

「増紙割当」とは、新聞社が販売店に対して新聞拡販のノルマを設定することを意味する。ノルマの未達成分部数が残紙になる慣行があるので、それを中止するように申し入れたのである。

日販協の代表が新聞各社にこのような要請を行った事実は、逆説的に見れば新聞社が「押し紙」政策を実施していたことを意味する。

翌一九七三年一〇月二五日付けの『日販協月報』でも、「押し紙」問題を取り上げている。

日販協の全国拡大理事会が開催されたことを伝える記事の中で大会決議が紹介されているのだが、決議の項目のひとつに次の文言がある。

不公正取引の大元をなす押紙を排し、自由増減に徹すること。

販売店主が注文部数を自由に増減する権利が保障されていれば、このような文言が生まれてくるはずがない。保障されていないからこそ、「自由増減に徹すること」という決議が採択されたのである。この記事からも、「押し紙」がかなり前から普遍的な新聞業界の問題になっていたことが読み取れる。

なお、『日販協月報』に掲載されたこれらの記事は、「押し紙」裁判の争点、すなわち販売店が偽装部数の受け入れをはっきりと断ったか、断らなかったかという点を考察する上で重要なヒントを与えてくれる。結論を言えば、たとえ個々の販売店主が断っていなくても、新聞販売店の業界団体としては新聞社に対して繰り返し「押し紙」を断ってきたことを示している。

日販協の残紙調査

新聞販売店から上がってくる「押し紙」排除の声に応えるかのように、一九七七年、日販協は全国規模の「残紙」調査を実施した。これはアンケートによる調査である。そして『日販協月報』（一一月三〇日付）に「読まれぬ新聞一三万トン」「日販協推定では三八〇万部？」という見出しの記事を掲載して、調査で明らかになった数字を公表した。

それによると一店あたりの平均「押し紙」率は八・三％だった。

しかし、地域差があり、最も高かったのは近畿地区の一一・八％、続いて中国・四国地区の一一・一％、さらに関東地区の一〇％といった実態が明らかになった。

この調査を受けて、日販協の幹部は新聞各社に申し入れ文書を送付した。そこには、「この調査からの推計によれば、年間一七・九万トン、二〇七億円に相当する新聞用紙を無駄に消費し、これを新聞店に押しつけ、さらに莫大な拡材費（景品に使用する費用）をかけて、ほんの一部の浮動読者の奪い合いを演じている実態を見るとき、ひとり一社の損得計算に止まらず、わが国の新聞産業全体の大局からみても、その利害損失は果たしてどうであるのか、経営責任者である貴台には十分おわかりのことと存じます」と書かれている。

日販協は残紙調査を実施することで、「押し紙」を社会問題として告発したのである。調査で明らかになった八・三％という「押し紙」率は、現在の規模からすれば極めて低いが、当時は大問題として認識されたのである。

「押し紙」裁判の第一号から北田資料へ

わたしが把握している最初の「押し紙」裁判は、一九八一年に毎日新聞社と販売店の間で起きたケースである。「押し紙」裁判といえば、販売店が新聞社に対して提訴するのが一般的だが、この裁判では逆に、新聞社が新聞の卸代金の未納分を支払うように求めて提訴したのに対して、販売店が未納分の代金は「押し紙」により発生したものだから、支払う必要はないと反論したのである。

訴訟の規模そのものは請求額が二九六万円で、小規模なものだった。しかし、新聞社が公然と開き直って、販売店で過剰になった新聞の卸代金を請求したことで、「押し紙」問題における新聞社のスタンスが明確になった。

この裁判は、「押し紙」を告発しようとする販売店サイドの動きに対する新聞社側の反撃であった。裁判を通じて、偽装部数の中味は「積み紙」であって、責任は販売店にあるとする新聞社の見解が司法の場でも前面に押し出されたのである。

毎日新聞三ッ沢販売所の元店主を被告とする裁判が起きた一九八一年に、新聞業界にとって衝撃的なもうひとつの事件が起きる。読売新聞鶴舞直売所(奈良県)の北田敬一店主が、自店を強制改廃させられたのち、公取委に自店の「押し紙」を内部告発したのである。

北田氏が提出したのは、六年間に渡る商取引の実態を示す帳簿類である。この資料は、後に「北田資料」と呼ばれ、国会質問でも取り上げられて問題になった。

「北田資料」の特徴は、偽装部数の実態を帳簿類の数字に基づいて割り出したことである。偽装部数の割り出し作業は、同店宛ての請求書に明記された新聞の搬入部数から、読者名簿に記

	本社送り部数	実配数	残数
76年1月	791	556	235
76年6月	870	629	241
77年1月	910	629	281
77年6月	950	626	324
78年1月	1030	614	416
78年6月	1050	689	361
79年1月	1095	680	415
79年6月	1035	627	408
80年1月	1100	608	492
80年6月	1100	675	425
	本社担当員と減紙交渉		
80年7月	720	676	44
81年1月	770	591	179
81年5月	815	644	171
81年6月	廃業		

表　北田店における取引きの実態（76年〜81年）

された読者数を差し引く方法で行われた。

それによると偽装部数が最も多かったのは、一九八〇年である。六月では、搬入部数が一一〇〇部だったのに対して、実配部数は六七五部だった。差異の四二五部が偽装部数になってきた。「押し紙」率にすると三九％である（表）。

北田氏は読売の担当員と交渉して、翌七月の搬入部数を七二〇部に減らしてもらった。その結果、残紙は四四部になった。

ところがその後、再び搬入部数が増え始め翌八一年五月には八一五部になり、経営が成り立たなくなって廃業に追い込まれた。

「北田資料」を編集して公取委との交渉を主導したのは、滋賀県新聞販売労組の委員長・沢田治氏である。しかし、公取委は詳細な内部資料が示されたにもかかわらず、鶴舞直売所で過剰になっていた偽装部数の中身を「押し紙」とは認定しなかった。読売が新聞を押し売りした証拠がないというのが、その理由である。「押し紙」裁判では、不要な新聞の搬入を販売店がはっきりと断ったか否かが勝敗の分かれ目になることは、すでに述べた通りであるが、公取委もまったく同じ観点から、北田氏の訴えを切り捨てたのである。

公取委のこのような姿勢は、当時から現在まで一貫して変わらない。公取委には、「押し紙」に関連した内部告発が断続的に寄せられてきたが、後述する北國新聞の例を除いて、一度も「押し紙」を摘発したことがない。

新聞社が国会で追及された時代

北田資料の暴露が、新聞関係者に及ぼした衝撃は計り知れない。沢田治氏は新聞社サイドから、「北田資料」を返却するように求められたという。沢田氏の著書『新聞幻想論』は、このあたりの事情について次のように記している。

（略）当時、全販労事務局長として、「北田資料」の保管、分析、整理にあたっていた私に人を介して「一千部の販売店を提供する。金もいるだろうから三〇〇万円を進呈するから、資料を返してほしい」と得体の知れない人物から呼び出しがかかったり、はては当時の読売新聞社丸山巌販売局長から全販労佐藤純一議長に、「内密で会いたい」と業界紙を介して連絡があり、事務局長である私も同道して人形町（黒薮注：東京都中央区）の料亭で会ったことがある。実際には当日になって急用ができたとかで、現れたのは、池田勤販売局長であった。別段なんの話もなかったのだが、沢田が滋賀に帰ってみると、「全販労と読売新聞社は話がついて、資料は返却してもらった」というデマが誠しやかに流されていた。

その後、沢田氏は国会議員に「北田資料」を提供して国会質問を実現させた。こうして八一年から、国会を舞台に共産党、公明党、社会党による新聞販売問題の追及が始まる。国会質問は八五年まで断続的に行われ、質問回数は一六回に及んだ。その中で北田資料で明らかになった偽装部数の実態が暴露されたことは言うまでもない。

また、高屋肇氏が提供した自店の偽装部数も暴露された。一九八一年三月二日に行われた共産党の瀬崎博義議員の発言を引用してみよう。

主査の了解を得て、この写真を大臣に見ていただきたいと思います。

いまお渡し申し上げましたこの写真は、大阪の豊中市螢ケ池にあります樋口新聞店、ここで発生をいたします一日分の残紙の写真なのであります。ビニール袋に包まれたままの姿がくっきり写っているでしょう。

この新聞は写真でもはっきりわかりますように日経新聞であります。この新聞店は毎日新聞約八〇〇〇部と日経新聞約四八〇〇部を扱っているのでありますが、毎日の方の残紙は約四〇〇〇部でありまして残紙率五%、公取の調査よりは多い率ではありますけれども、もちろん業界の常識から見ればこれはきわめて少ない方に属します。

日経の方は四八〇〇部で、うち一五〇〇部が残紙でありますから、残紙率は三〇%を優に超えるのであります。小さな販売店の扱い総部数ぐらいに匹敵するのですね。この店の御主人は、本当に解決に努力してもらえるのなら私も勇気を出して事実を報告したい、こうおっしゃって写真を撮ることを許されたわけであります。そして、自分が陰に隠れておったのでは真実味が少ない、証人として写真に入ってもよいとそこに入れられたわけであります。

なぜ公取がこういう実態をつかめないのか、私は不思議ですね。公取自身はどうお考えですか。

毎日の「押し紙」率は五%。日経の「押し紙」率は「三〇%を優に超える」実態が明らかになったのである。

ところが国会で「押し紙」が大きな問題になったにもかかわらず、メディアは『潮』を除いてほとんど報道しなかった。もちろんテレビ中継もなされなかった。そのために偽装部数の問題が広く国民に認知されるには至らなかった。

公取委が北國新聞に勧告

国会質問が終わった一九八五年を境に、国会議員による「押し紙」問題の追及は失速していった。その背景に好調な日本経済の影響を受けて、販売店経営が相対的に好調になった事情があったようだ。

わたしは元店主からこの時期の販売店経営について話を聞いたことがある。元店主によると、当時は折込チラシの需要が多く、偽装部数があっても、それによって生じる損害をかなり相殺できたのであまり負担にはならなかったという。折込チラシの収入が新聞の卸原価を上回る逆転現象が生まれ、偽装部数が逆に販売店の収入を増やすこともあったという。偽装部数の中味が「積み紙」になる事も珍しくなかったのである。

販売店にとって偽装部数が収益上のメリットになるのであれば、広告主に「詐欺」を感づかれないように注意しておけば、あえて過剰になった新聞の減紙を求める理由はなくなる。減紙を申し出て新聞社の神経を逆なでするよりも、黙って偽装部数を受け入れる方が得策だ。このような構図の下で、偽装部数が蓄積していった可能性が高い。

しかし、そのしわ寄せはまもなくやってきた。一九九三年にバブル経済が崩壊して景気が傾いてくると、徐々に販売店の経営が悪化し始めたようだ。後述するように、膨大な量の偽装部数が表面化し始めるのは、今世紀に入ってからであるが、この頃からすでに残紙の蓄積が始まっていた可能性が高い。

一九九〇年代の偽装部数の実態を物語る事件としては、北國新聞（石川県）のケースがある。朝日新聞（一九九七年六月二八日付け）の報道によると、九七年の六月、北國新聞の販売店主五人が総額で約二億一三〇〇万円の賠償を求める「押し紙」裁判を金沢地裁で起した。請求額は、五人の店主が過去九年間に支払った「押し紙」の仕入れ代金である。「押し紙」率は販売店によって異なるが、約一〇%から四〇%だった。

裁判は翌九八年に和解で解決した。和解条件は北國新聞が店主に解決金を支払うという合意を除いて、詳細は公表されていない。しかし、新聞社側が解決金を支出したことは、実質的に販売店の勝訴を意味する。このような結果になった背景には、公取委の動きがあったようだ。

裁判が戦われていた九七年の一二月、公取委は北國新聞に対して「押し紙」の排除命令を下した。初めて新聞の商取引に独禁法の一九条「不公正な取引方法の禁止」が適用されたのだ。公取委がまとめた『株式会社北國新聞社に対する勧告について』という文書によると、北國新聞は朝刊の総部数を三〇万部にするためにイーグル作戦と称する増紙計画を作成し、実際に三万部を新たに増紙し、それを一方的に販売店に押し付けていたという。夕刊についても同じ方法で販売店に新聞を押し売りしていた。それが原因で販売店の経営が圧迫されているという内容だった。

ＡＢＣ部数を三〇万部にかさ上げするために三万部を押し付けたわけだから、「押し紙」率は一〇%である。しかし、イーグル作戦が始まる前から、すでに偽装部数が存在した公算が強いので、一〇％をもって「押し紙」率と推定することはできない。五人の販売店主が提起した「押し紙」裁判の中で明らかになった「押し紙」率（前出の朝日新聞の記事によると、一〇％から四〇％）を参考にして推察するのが妥当といえるだろう。

さらに公取委の文書には、「押し紙」問題が北國新聞だけに限定されたものではないことを示唆する次のような記述も含まれている。

また、当該違反被疑事件の審査過程において、他の新聞発行業者においても取引先新聞販売業者に対し『注文部数』を超えて新聞を提供していることをうかがわせる情報に接したことから、新聞発行業者の団体である社団法人・日本新聞協会に対し、各新聞発行業者において、取引先新聞販売業者との取引部数の決定方法等について自己点検を行うとともに、取引先新聞販売業者に対して独占禁止法違反行為を行うことがないよう、本件勧告の趣旨の周知徹底を図ることを要請した。

「押し紙」が慣行化している新聞業界の実態を、公取委がはじめて公文書に記録したのである。しかし、その後、公取委が新聞社に対して「押し紙」の摘発に乗り出すことはなかった。少なくとも本書を執筆している二〇一二年八月の段階では、そのような事態は起こっていない。

産経新聞「押し紙」裁判

偽装部数の問題は、今世紀に入ってから再び急浮上してくる。しかも、「押し紙」率の際立った高さがその特徴となっている。具体的な裁判の判例と、そこで明らかになった偽装部数の実態を紹介しよう。

最初に取り上げるのは、産経新聞岡町東店と岡町西店（大阪府豊中市）を経営していた高橋直樹氏が、廃業後の二〇〇三年に起こした「押し紙」裁判である。

高橋氏は一九九五年六月から産経新聞岡町西店の経営を始めた。その後、二〇〇一年一〇月に岡町東店も前任者から引き継いだ。

これら二店における偽装部数の実態を示したのが次の数字である。

	搬入部数	実配部数
一九九九年一月	四一四二	二二九三
二〇〇〇年一月	三六二二	二二一二
二〇〇一年一月	二四二六	一四六七

判決は地裁も高裁も、高橋氏の敗訴だった。

既に述べたように「押し紙」裁判では、販売店が偽装部数をはっきりと断ったか否かが争点になる。断っていれば「押し紙」とみなされ、断っていなければ「積み紙」とみなされる。この裁判でもこうしたプロセスをたどった。

まず、偽装部数の受け容れを断った証拠があるかどうかに関して、裁判所は高橋氏が偽装部数の受け容れに合意していたとする見解を示した。大阪高裁の判決は、その根拠を次のように説明している。

（高橋氏は）幼いころから父の新聞販売店経営の業務を見聞きし、さらにこれに従事した経験から、田場（前任者）から岡町西店の営業を、また中西（前任者）から岡町東店をそれぞれ承継するにあたっては、これら店舗が従前から相応の余剰紙を受け容れているとの業務実態を知悉しながら、同様に余剰紙を抱えることの正負の計算を尽くして営業を開始したものと認められる。けだし、毎日のように被控訴人（産経）から納品される部数は、控訴人にとっては営業上の原価に該当するもので、その実態についての認識を欠いたまま営業を承継したなどとは到底理解し得ないからである。

新聞業界における偽装部数の実態を熟知し、それを承知のうえで販売店経営に乗り出したのであるから、過剰になっていた新聞は押し付けられたものとは言えないと判断したのだ。すなわち偽装部数の受け容れを断っていないという判断である。

それではなんのために偽装部数を受け容れていたのだろうか。判決はその理由を次のように説明している。

新聞販売店にとって、届出新聞扱部数（黒藪注：ABC部数を意味する）が多いほど、広告収入獲得面で有利であることから、新聞販売店の中には、その経営判断から、敢て実配部数を大幅に超える部数（余剰紙）を購入し、届出新聞取扱部数を大きくして、主に多額の広告折込収入を得るとともに、副次的に前期奨励金の点でも優遇扱いを受け、余剰紙購入による支出に勝る収入を得ようとする例も存すること、控訴人の場合においても、広告収入及び奨励金収入が余剰紙購入支出を上回る場合もあり得たものとうかがえる。

折込チラシの割り当て枚数は、原則として新聞の搬入枚数に一致させる慣行があるので、偽装部数にもチラシがセットになっている。そして新聞一部から得る折込チラシの収入が、新聞一部の卸原価を上回れば、偽装部数があっても損害は生じない。また、新聞社から支出される補助金の額は、搬入部数にスライドして決められるものがあるので、偽装部数が増えればそれに連動して補助金も増える。従って偽装部数による損害を、折込収入と補助金で相殺できれば、あえて偽装部数を断る理由はなくなる。場合によっては、偽装部数があった方が総収入が増えることもある。判決はこの点を指摘したのである。つまり裁判所は偽装部数の中身を高橋氏が自ら行った「積み紙」と判断し、請求を退けたのである。

しかし、店舗で多量の新聞が余っていたことは、紛れもない事実である。「押し紙」率は、約四〇％に達していたのである。

産経——販売店に対する反訴

高橋氏の裁判の舞台となった大阪地裁で、同じ時期にもうひとつの「押し紙」裁判が行われていた。二〇〇二年に産経新聞四条畷販売所（大阪府四条畷市）の元店主・今西龍二氏が起こした裁判である。この裁判でも凄まじい量の偽装部数が明らかになった。それを保管するために、「押し紙小屋」が設けられていた。

今西店主は、一九九二年四月から二〇〇二年六月までの一〇年間、四条畷販売所を経営した。

産経新聞社が同店に搬入していた新聞の部数は、約五〇〇〇部だった。一方、偽装部数は時期により変動があるが、おおむね二〇〇〇部から三〇〇〇部の間を上下していた。つまり搬入される新聞の約半分が「残紙」になっていたのである。それが原因で今西氏は新聞の卸代金が支払えなくなって廃業へ追い込まれたのだ。

今西氏の弁護団が見積もった損害額は五億円を超えた。今西氏はこのうちの一億円の損害賠償を求めたのである。

これに対して産経は、四条畷販売所に搬入していた新聞は、すべて四条畷販売所からの注文に応じて搬入した「積み紙」であると主張し、逆に今西氏を反訴して、廃業時に未払いになっていた新聞の卸代金を請求したのである。

裁判所は今西店主の訴えを棄却した上で、産経の「反訴」に軍配を上げた。その結果、今西氏は未払いになっていた新聞の卸代金四八〇〇万円を産経に支払うように命じられたのである。この判決でもやはり原告が偽装部数を断った証拠がない点を主要な敗訴理由にしている。判決を引用してみよう。

原告の配達部数は、徐々に減少し、平成一三年ころには約三〇〇〇部程度にまで落ち込んでいたことがうかがわれる。この間、原告が被告に対し本件契約に基づく取引部数を減少するように申し入れをした的確な証拠は見当たらない。すなわち、平成一三年ころには、原告と被告との取引部数五一〇〇部と原告の実配部数約三〇〇〇部との間に約二一〇〇部の差が生じていたことになるが、この間に事情を被告において把握していたことを認めるに足りる的確な証拠は見当たらない。

裁判所は膨大な量の残紙の存在は認定したが、「取引部数を減少するように申し入れをした的確な証拠は見当たらない」ことなどを理由に、産経の損害賠償責任は認めなかったのである。今西氏が経営した四条畷販売所も高橋氏が経営した二店も、産経新聞大阪本社の管内である。

これらの販売店における「押し紙」率は、四〇％から五〇％ぐらいである。

産経――敗訴理由はたったの二一行

さらに産経の「押し紙」裁判についていえば、東浅草販売店（東京都台東区）の元店主・近藤忠志氏が二〇〇五年に訴訟に踏み切ったケースがある。これは弁護士の援助を得ない個人訴訟だった。東浅草販売店の部数内訳派次の通りである。

	搬入部数	実配部数	偽装部数
二〇〇〇年一二月	九三四	四三〇	五〇四
二〇〇一年　六月	九六六	三九〇	五七六
二〇〇一年一二月	一〇七五	三七八	六九七

「押し紙」率は、五四％から六五％である。

判決は近藤氏の敗訴だった。判決理由を述べた「当裁判所の判断」の記述は、たった二一行で、新聞の商取引の特殊性を理解した上で下された判決とは思えない。

判決の主旨は、「産経新聞朝刊が注文部数を超えて原告に供給されたことを認めることはできないから、原告の『押し紙』による損害賠償の主張は理由がない」という単純なものだった。

早朝に新聞販売店を回る「押し紙」回収のトラック。

たとえ新聞が過剰になっていても、産経が搬入してい
た新聞の部数が、注文部数を超えていた証拠がないから、
賠償は認められないというのだ。つまりこのケースでも、
原告の販売店が偽装部数を断った証拠がないから、産
経に賠償責任は生じないと判断されたのである。

しかし、搬入される新聞の半分以上が偽装部数になっ
ていたことは、紛れもない事実である。その責任が販
売店側にあるにしろ、新聞社側にあるにしろ、公称部
数を偽っていたことは間違いない。

半分が偽装部数のＹＣも

司法が初めて「押し紙」の存在を認定した裁判は、Ｙ
Ｃ広川（福岡県広川町）の真村久三店主が起こした真村訴訟である。繰り返しになるが、この
裁判は偽装部数の中身が争点になったが、訴訟のタイプは地位保全裁判である。部数内訳を虚
偽報告していたことが改廃理由として認められるかどうかが争われ、裁判所は真村氏の虚偽報
告を認定したものの、偽装部数の中味を「押し紙」と判断して、改廃を認めない判断を下した
のである。

真村裁判が勝訴したのを受け、ＹＣ久留米文化センター前、ＹＣ大牟田中央、それにＹＣ大牟田明治の三店が読売に対して偽装部数の買い取りを断った。二〇〇七年の一〇月、あるいは一一月における各販売店の部数内訳は次の通りである。

《ＹＣ大牟田中央》
搬入部数：約二五二〇部
偽装部数：約　九〇〇部

《ＹＣ大牟田明治》
搬入部数：約二四〇〇部
偽装部数：約　九二〇部

《ＹＣ久留米文化センター前》
搬入部数：　二〇一〇部
偽装部数：　　九九七部

これらの販売店の「押し紙」率は約四〇％から五〇％で、先に紹介した産経新聞で訴訟になった三件のケースとほぼ同じ「押し紙」率である。この時期には搬入される新聞の半分が「押し紙」、あるいは「積み紙」になっていても、特に珍しい現象とは言えなくなっていた。

なお、三店のうちYC久留米文化センター前は、偽装部数を断った三カ月後に強制改廃された。そこで店主は、地位保全の裁判を起こした。この裁判の争点も、約五〇％に達していた偽装部数の中身は、「押し紙」なのか、「積み紙」なのかという点だった。裁判所は、「積み紙」と判断して訴えを退けた。読売による強制改廃を正当とみなしたのである。

真村裁判で販売店が勝訴したことに刺激されて、二〇〇六年一〇月、YC小笹（福岡市）の元店主・塩川茂生店主も、読売に対して「押し紙」裁判を起こした。賠償請求額は約三五〇〇万円だった。

裁判で特にクローズアップされたのは、一九九八年五月の開業から半年の間の偽装部数だった。七カ月間の数字は次のようになっている。

【YC小笹】

	搬入部数	偽装部数
五月	二三三〇	九四六
六月	二三三〇	九六四

七月	二三三〇	九六四
八月	二三三〇	一〇二七
九月	二三三〇	一〇二五
一〇月	二三三〇	一〇二三
一一月	二三三〇	一〇一五

数字が示すように、この間における搬入部数は二三三〇部に固定されていた。一方、偽装部数は最も少ない時で九四六部、最も多い時で一〇二七部だった。「押し紙」率にすると、四一%から四四%の範囲である。

開業から八カ月目に読売は、新聞の搬入部数を大幅に減らした。その結果、それ以後は「押し紙」率が一〇%程度に留まった。しかし、夕刊についてはその後も長期に渡って（一日につき）三八〇部の偽装部数が存在した。

判決は読売の勝訴だった。裁判所は塩川氏が偽装部数の受け入れを前提とした取引条件に合意していたので、読売に賠償責任は生じないと判断したのである。この裁判でも、例外にもれず、販売店が偽装部数を断っていないことが敗訴の要因になっている。

毎日新聞の三件の裁判

今世紀に入ってから毎日新聞の店主、あるいは元店主が起した「押し紙」裁判は三件ある。裁判の中で明らかになった「押し紙」率は、いずれも四〇%を超えている。

このうちまず最初に、二〇〇七年五月に毎日新聞箕面販売所（大阪府箕面市）の杉生守弘店主が起こした裁判を取り上げてみよう。杉生氏は、裁判に踏み切る前に、まず簡易裁判所に毎日との調停を求めた。しかし、交渉が決裂して本裁判を起したのである。

杉生店主が請求した額は六三〇〇万円だった。偽装部数の実態は、一月ベースで見ると次の通りである。

【箕面販売所】	搬入部数	実配部数	偽装部数
二〇〇一年一月	一八三〇	九六六	八六四
二〇〇三年一月	一八二〇	八一五	一〇〇五
二〇〇五年一月	一五一〇	七三三	七七七

「押し紙」率は、二〇〇一年が四七%、二〇〇三年が五五%、二〇〇五年が五一%である。

この裁判は和解で解決したが、毎日が解決金を支払ったので、実質的には杉生氏の勝訴である。解決金は推定で約一五〇〇万円である。

杉生店主が和解勝訴した最大の要因は、明確に「押し紙」を断った証拠を所持していたことである。杉生氏は内容証明郵便で三度も過剰な新聞の受け入れ拒否を通知していた。従って偽装部数の搬入を断ったか否かという争点は、簡単に決着が着いた。

たとえば二〇〇四年一二月二五日付けの内容証明郵便では、搬入部数（書面では「送り部数」）が一四六〇部あることを記した上で、それを九〇〇部に改めるように要請している。口頭で要請したのであれば、その時の録音が残っていない限り証拠としては採用されないが、内容証明郵便のコピーが残っていた。それが過剰な新聞の受け入れを断った決定的な証拠になったのだ。

この裁判では、偽装部数の受け入れを断った証拠があれば、販売店が勝訴することが示されたのである。

異常に高い「押し紙」率

毎日新聞の販売店主が起した第二の「押し紙」裁判は、蛍ヶ池販売所と豊中販売所（大阪府豊中市）の二店を経営していた高屋肇氏を原告とするもので、二〇〇八年に提起された。裁判の詳細については、同氏の著書『闇の新聞裏面史』（花伝社）に詳しいので、ここでは偽装部数の実態を中心に紹介しておこう。

高屋店主が経営していた二店における部数内訳は、六月ベースで見ると次のとおりである。

【蛍ヶ池販売】

	搬入部数	実配部数	偽装部数
二〇〇三年六月	二二八〇	七九五	一四八五
二〇〇五年六月	二二九〇	七四二	一五四八
二〇〇七年六月	二三二〇	六九五	一六二五

【豊中販売所】

二〇〇三年六月	一七五〇	四七五	一二七八
二〇〇五年六月	一七六〇	四八〇	一二八〇
二〇〇七年六月	一七八〇	四五三	一三二七

「押し紙」率は、二〇〇七年六月の廃業時で、蛍池販売所は七〇％に、豊中販売所は七五％になっていた。にわかに信じがたい数字である。これだけすさまじい新聞を押し付けられていながら、高屋氏が販売店経営を続けることができたのは、毎日が偽装部数を買い取るための補助金を支給してきたからである。また、折込チラシが水増し状態になっていた可能性も高い。

さらに高屋氏の奥さんがマンションを経営しており、それにより得た収入を販売店経営に充当してきたことも大きい。経営が悪化していながら、販売店経営を続けたのは、新聞販売業が高屋氏の唯一の生きがいであったからだ。

高屋氏のケースで特徴的なのは、実配部数が微減しているにもかかわらず、搬入部数が逆に増えている点である。販売店の店舗で新聞が大量に余っていることを毎日が知らなかったわけではない。と、言うのも部数内訳の本当の数字が、毎日新聞のグループ会社である毎日新聞大阪情報開発㈱のコンピュータで管理されていたからだ。当然、その記録も残っていた。

とはいえそれをもって高屋氏が優位に裁判を進めたとは言えない。裁判所の判断基準からすれば、偽装部数の受け入れを断った明確な証拠を示さない限り、損害賠償の請求は認められない。高屋氏の場合、口頭で「押し紙」を断っていても、杉生氏のように書面で断った証拠を残す手続きは踏んでいなかった。

高屋氏が試算した「押し紙」による損害額は二億円を超えたが、裁判ではこのうちの一億円を請求対象にした。これに対して毎日は、過剰になっていた新聞は高屋氏が自主的に注文したものであるという主張に基づいて、新聞代金の未払い分として約一二〇〇万円の支払いを求めて反訴した。

裁判は勝敗がつかないまま二〇一一年に終結した。高屋氏が奥さんの介護に専念するために裁判を取り下げたのを機に、毎日も反訴を取り下げ、両者のいずれにも賠償責任が発生しないかたちで和解が成立したのである。

念を押すまでもなくこの裁判の特徴は、「押し紙」率の異常な高さである。配達している新聞と余っている新聞の割合が、おおむね三対七であるから、新聞の商取引の裏面を知らない者には、信じがたい数字である。

「押し紙」を断ったが……

第三の例は、1章でも紹介した関町販売所（東京都練馬区）のケースである。原告の元店主・石橋護氏は、二〇〇八年の秋に毎日に対して搬入部数を減らすように申し入れた。これに対して毎日は、石橋店主の要求に従ったが、同時に補助金を大幅にカットしてきた。その結果、新聞の卸代金を完納できなくなった。皮肉なことに、偽装部数を断ったことで補助金を減額され、かえって販売店の経営を一層悪化させたのである。

毎日は二〇〇九年八月、新聞の卸代金が完納されていないことを理由に関町販売所を強制改廃した。これに対して石橋氏は、二〇一〇年に約二三〇〇万円の支払いを請求する「押し紙」裁判を起こしたのである。

だが、毎日も反撃にでた。石橋氏が新聞の卸代金を完納していないとして、未入金の約五〇〇万円を支払うように求めて反訴裁判を提起したのである。

関町販売所における部数内訳は、次のとおりである。偽装部数を断る二カ月前と断った後の二カ月の数字を示そう。

【関町販売所】

	搬入部数	実配部数	偽装部数
二〇〇八年　九月	一二〇〇	六六八	五三二
二〇〇八年一〇月	一二〇〇	六六二	五三八
二〇〇八年一一月	六七〇	六五九	一一
二〇〇八年一二月	六七〇	六四六	二四

石橋氏が偽装部数を断る直前の「押し紙」率は、約四五％である。

裁判は現在も東京地裁で進行している。

毎日新聞の場合、裁判を起こした三店の「押し紙」率は、四〇％から七〇％に達している。これらの販売店の「押し紙」率が例外的に高いとは言えない。と、言うのも2章で紹介したように全国にある毎日新聞販売店の発証数（販売店が読者に対して発行した領収書の数）と新聞の搬入部数を示す内部資料「朝刊　発証数の推移」によると、搬入部数が三九五万部であるのに対して、発証数は約二五〇万部であるからだ。「押し紙」率は、約三七％にも達している。

しかも、これらの数字は二〇〇二年一〇月時点のものであるから、本章で紹介した毎日の「押し紙」裁判が提起される五年から八年前である。「押し紙」は年々増えているというのが常識的な見方であるから、現在（二〇一二年五月）では当時の「押し紙」率を超えているのではないかという推測もあながち誇張ではない。

朝日新聞の「押し紙」裁判

「押し紙」裁判の判例で最新のものとしては、二〇一一年九月五日に判決が下ったASA宮崎大塚の「押し紙」裁判がある。結果は、朝日新聞社の勝訴だった。

原告の元店主・北川朋広氏は、一九九五年にASAの経営に着手した。その後、店舗数を五店に増やした。北川氏はASA宮崎大塚という名称で、五店を統一して販売店経営を進めていた。

ASA宮崎大塚の経営は最初は順調だったが、徐々に傾きはじめる。北川氏によると、二〇〇四年七月以降、何度も搬入部数を減らすように申し入れたが朝日は応じなかったという。そこで減紙ができないのであれば補助金の支給額を増やすように交渉を続けたが、朝日はこれにも応じなかった。

その結果、経営はどんどん悪化し、新聞の卸代金も完納できなくなり、二〇〇八年五月に自主廃業に追い込まれた。廃業前の五カ月間における部数内訳は、次の通りである。

【ASA宮崎大塚】

搬入部数	発証部数	サービス部数	即売部数	予備紙

一月	四七七〇	三四四九	三七八	一〇三	八八三
二月	四七七〇	三四五四	三五〇	一〇三	九〇六
三月	四七七〇	三三四六	三二三	一〇三	八九五
四月	四七七〇	三三〇五	三四三	一〇三	一〇一九
五月	四七七〇	三三〇〇	三五九	一〇三	一〇〇八

（注：原告が朝日新聞社に提出した報告書を基に作成した。ただし、朝日は数字に若干の違いがあると主張した。たとえば、一月の搬入部数は四七四〇部で予備部数は八四〇部だったと主張した。）

販売店の店舗外に積み上げられた「押し紙」（偽装部数）。

廃業前の時期における「押し紙」率（搬入部数と予備紙を基に計算した場合）は、二〇%程度だった。

判決は過剰になった新聞についての新見解を示した。とはいえそれは、偽装部数問題の解決をむしろ遅らせかねないとんでもない内容だった。

裁判の争点は、販売店で新聞が過剰になっていたことを朝日が認識していたか否か、かりに認識していたとすれば、店主が偽装部数を断ったか否かという点だった。

北川氏の場合、部数内訳の報告を行う際に、偽装部数を「予備紙」の欄に記入して報告していた。それゆえに朝日は、ＡＳＡ宮崎大塚に大量の予備紙があることを把握していた。当然、これらの部数が無駄であることも知っていた。と、なれば予備紙は「押し紙」である可能性が高いはずだが、裁判所は次のような詭弁を持ち出してきて北川氏の請求を退けた。判決を引用してみよう。

予備紙はその性格上、当該販売区域の販売店経営者がその裁量により判断するものであり、被告が一律に決し得るものではない。そして、予備紙を含め仕入部数が多くなれば、反面、広告料収入につながると共に被告から補助金を多く受けられるという側面も有することが認められるから、販売店としてはかかる点を考慮した経営判断が必要となるものである。そして、原告は、予備部数を含めた注文部数を、自らの判断で被告に注文していたものであり、原告が仕入れた予備紙が被告ないし被告の担当員から強制されて仕入れたものであると認めることはできない。

さらに適正な予備紙の部数は、「原告の経営判断に委ねられており、適正な予備紙数を一律に決し得るものではない」とまで述べている。約一〇〇〇部もの予備紙があっても、裁判所はなんら不自然さを感じることなく、朝日を擁護しているのである。「予備紙」という言葉には、「押し売り」のニュアンスはまったくない。言葉が醸し出すイメージからも、判決内容からも、北川店主が経営戦略として必要な「予備紙」を自ら注文したことになってしまったのである。

このように販売店の店舗で大量の新聞が余っていても、販売店がそれを断った証拠がなければ、損害賠償は認められない。

なお、朝日はその後、ＡＢＣ部数（販売店にとっては搬入部数のこと）と実配部数に乖離があることを認めている。たとえば秋山耿太郎社長は、二〇一二年度の朝日新聞社新年祝賀会で次のように発言した。

　ライバル紙の読売新聞との戦いは、ＡＢＣ部数ではなく、実際に読者にお金を出して購読していただいている「実配部数」の勝負です。頑張っている所長（黒薮注：店主のこと）さんたちを強力に応援して、「攻め」と「守り」のメリハリのある戦いを挑みます。

業界紙『新聞研究往来』（一月一六日）からの引用である。他の業界紙にも、まったく同じ発言録が掲載されているので、発言録そのものを朝日新聞社が業界紙各社に提供した可能性が高い。この発言は偽装部数の存在を公式に認めたことにならないだろうか。

4章　偽装部数と折込チラシの破棄

言葉の定義が司法認定のハードルを高くしたり、問題の解決を遅らせることがある。

販売店訴訟になると新聞社は、「押し紙」の定義を、「押し売りされた新聞」と厳密に限定してくる。しかし、この「押し紙」の定義は、本書の1章でも述べたように、実際にはもっと幅広く、「残紙」の意味でも使われている。社会通念からして、配達予定のない新聞を販売店が自腹を切って購入するはずはないから、「残紙＝押し紙」という概念が生まれたのだ。

ところが新聞社は、「押し紙」という言葉が実生活の中でどのような意味で使われているのかを検証することもなく、裁判になるとかならず「押し紙」を「押し売りされた新聞」と限定して定義する。裁判所もそれを認定している。

その結果、販売店は過剰になった新聞が「押し売りされた新聞」であることを立証しなければ裁判に勝訴できない。しかし、それは次のような事情で極めて難しい。

1、「押し紙」が存在しないという前提に立って販売店が新聞社に対して部数内訳を報告をする慣行があること。当然、報告書に「押し紙」という欄は存在しない。そこで「押し紙」部数は、「実配部数」や「予備部数」の欄に加算される。

2、新聞部数の発注を書面で行う慣行がないこと。販売店と新聞社が口頭で部数を決めるか、新聞社の側が一方的に決めた部数を搬入することが多い。

3、新聞社が請求書などに次のような但し書きを付けていること。

「貴店が新聞部数を注文する際は、購読部数（有代）に規定の予備紙等（有代）を加えたものを超えて注文をしないでください。本社は貴店の注文部数を超えて新聞を供給することはいたしません。また、貴店において本社の請求部数に疑義のある場合は、書面をもって翌月定数日までに本社に申し出てください」

これは産経新聞の但し書きであるが、他社のものもほぼ同じだ。ひな型にそった文面である。但し書きの内容を真に受けて、新聞の搬入部数を減らすように申し入れると改廃される危険があることは言うまでもない。

逆説的に見れば「1」～「3」は、法的に「押し紙」を認定させないために新聞社が取っている対策とも考え得る。

参考までに新聞社が「押し紙」の定義を「押し売りされた新聞」と限定した上で、どのような主張を展開するのかを紹介しよう。実例として紹介するのは、『週刊新潮』（二〇〇九年六月一一日）に掲載されたわたしの署名記事「『新聞業界』最大のタブー『押し紙』を斬る『ひた隠しにされた部数水増し』」に対して読売が提起した名誉毀損裁判の中で、読売の宮本友丘副社長（当時、専務）が、自社の代理人弁護士の質問に答えるかたちで展開した主張である。

喜田村洋一弁護士：この裁判では、読売新聞の押し紙が全国的に見ると三〇パーセントから四〇パーセントあるんだという週刊新潮の記事が問題になっております。この点は陳述書でも書いていただいていることですけれども、大切なことですのでもう一度お尋ねいたしますけれども、読売新聞社にとって不要な新聞を販売店に強要するという意味での押し紙政策があるのかどうか、この点について裁判所に御説明ください。

宮本専務：読売新聞の販売局、あと読売新聞社として押し紙をしたことは一回もございません。

喜田村：それは、昔からそういう状況が続いているというふうにお聞きしてよろしいですか。

宮本：はい。

喜田村：新聞の注文の仕方について改めて確認をさせていただきますけれども、販売店が自分のお店に何部配達してほしいのか、搬入してほしいのかということを読売新聞社に注文するわけですね。

宮本：はい。

（略）

喜田村：被告の側では、押し紙というものがあるんだということの御主張なんですけれども、なぜその押し紙が出てくるのかということについて、読売新聞社が販売店に対してノルマを課すと。そうすると販売店はノルマを達成しないと改廃されてしまうと。そうすると販売店のほうでは読者がいない紙であっても注文をして、結局これが押し紙になっていくんだと、こんなような御主張になっているんですけれども、読売新聞社においてそのようなノルマの押しつけ、あるいはノルマが未達成だということによってお店が改廃されるということはあるんでしょうか。

宮本：今まで一件もございません。

これが「押し紙」を「押し売りされた新聞」と限定的に定義した場合の論理展開である。確かに宮本氏が証言するように、押し売りされたことを立証できる新聞は一部も存在しないかも知れない。が、それをもって偽装部数が存在しないとは限らない。「押し紙」は存在しなくても、「積み紙」が存在する可能性がある。改めて言うまでもなく、大半の人々にとっては「押し紙」と「積み紙」の区別はあまり意味がない。新聞関係者が偽装部数により新聞の公称部数を偽っていることが問題なのだ。

広告主にとっての偽装部数

広告主にとっては、販売店で過剰になった新聞が「押し紙」なのか、それとも「積み紙」なのかはまったく重要ではない。重要なのは、偽装部数が存在するか否かだけである。

新聞関係者は「押し紙」裁判になると、残紙の中身が「押し紙」か「積み紙」かだけを争点に据え、その他の観点はあまり考慮しない。新聞社と販売店が合意していれば、部数を偽装しても問題がないといわんばかりの主張を展開してきた。

その主張が具体的にどのようなものであるのかを、ＹＣ小笹の「押し紙」裁判を例に紹介しよう。

原告の塩川茂生氏は一九九八年五月から五年間、ＹＣ小笹（参照：3章72ページ）を経営した。この裁判で特に問題になったのは、すでに述べたように開業から六カ月に渡って大量の新聞が販売店へ搬入されていた点である。

塩川氏は前任者からＹＣ小笹を引き継いだ時点で、すでに約一〇〇〇部の偽装部数を負担させられた。これに関して塩川氏は法廷で、後任店主の候補にあがった時点で、店主を引き受ける条件として、過剰になった新聞を排除するように申し入れたと主張した。

一方、読売は約一〇〇〇部の搬入は、塩川氏へ補助金を支給することなどを条件とする合意の上で行ったことであるから、押し売りした新聞ではないと主張したのである。

それを示す箇所を、読売の準備書面から引用してみよう。

本件において、原告によるＹＣ小笹店の営業継続後、約六カ月に渡って必要最小限度を超えた部数の予備紙（黒薮注：偽装部数のこと）が供給されていた事については、原告と被告との間の合意に基づくものであり、そこには強要なり権利の濫用という要素はない。

この記述には、偽装部数が広告主など第三者を巻き込む性質の問題であるという認識はまったくない。販売店との合意さえあれば、偽装部数が存在しても、問題ないと言っているに等しい。広告主不在の論理である。このような倫理感の欠如が当たり前になった状況下で、広告主がどのような被害を受けているのかを、以下で明らかにしよう。想像を絶するような実態があるのだ。

折込広告代の支払い拒否

松岡昭（仮名）医師はクリニックを開業した二〇〇四年から、宣伝のために新聞の折込チラシを利用してきた。しかし、二〇〇八年一一月に、三五万枚を広告代理店・アルファトレンドに発注したのを最後にチラシ広告を中止する。

松岡医師が折込チラシを中止したのは、折込枚数に疑問を抱くようになったからだった。

その発端は、徳島県でクリニックを開業している知人から、チラシにまつわるあるエピソードを聞いたことだった。この医師もPRの手段として、チラシ（新聞折込ではなくて、全戸配布）を採用していた。ところがそのチラシが配布されないまま大量に捨てられていたことが住民からの通報で判明したのだ。

この住民は電話で次のような趣旨のことを告げたという。自宅の庭に紙袋が捨ててあった。不信に思って、中身をのぞいてみると大量のチラシがビニールに包装されたまま入っていた。そこで広告主である医師にこの件を通告した。

その後、松岡医師はインターネットなどを通じてチラシの水増し被害が水面下で社会問題になっていることを知るようになる。徐々に新聞社に対する疑いを強めていったのである。

二〇〇九年の六月になって、松岡医師は『週刊新潮』（六月一一日号）に掲載された「ひた隠しにされた『部数水増し』衝撃の調査データ」と題する記事を目にする。この記事はわたしが執筆したもので、その中に中央紙各紙の「押し紙」率を推定した記述があった。松岡医師が

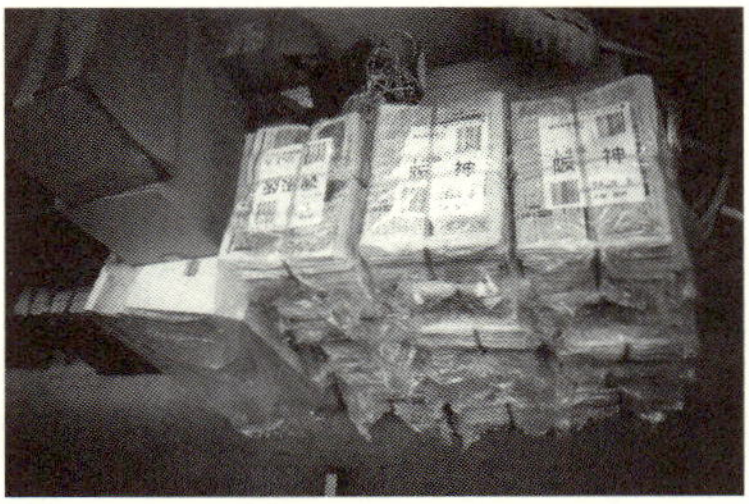

↑販売店の中に積み上げられた偽装部数

←作業台の下の包装束の中味は折込チラシ

言う。

「この記事を読んで、やっぱり、と思いましたね。そこでわたしは広告代理店に対して、どの地域に何枚のチラシを割り当てたかを示すデータを、過去にさかのぼって出すように求めたのです。しかし、代理店は直近のものしか出しませんでした。そこでわたしはチラシ代金の支払いをペンディングにしたのです」

松岡医師が言うように、三五万枚の折込費用（手数料）一九二万円については支払いに応じなかったため、アルファトレンドは、その支払いを求めて、二〇一〇年七月に松岡医師を提訴した。

本来であれば松岡医師の方が裁判を提起してもおかしくない。しかし、裁判を提起したのは、広告代理店の側だった。

訴訟の対象になった折込チラシの発注枚数は

すでに述べたように三五万枚だった。松岡医師が新聞折込を委託した販売店は、大阪府と兵庫県の毎日系と産経系だった。内訳は次の通りである。

毎日：一六万〇九五〇枚
産経：一八万九〇五〇枚

配布した地域は次の通りである。

大阪市（都島区、福島区、此花区、西区、西淀川区、旭区、城東区、鶴見区）、豊中市、池田市、吹田市、守口市、枚方市、茨木市、寝屋川市、大東市、箕面市、摂津市、高石市、尼崎市、西宮市、芦屋市、伊丹市。

チラシがＡＢＣ部数を上回る

裁判の中で次々とおかしな実態が浮上した。
まず、適切とされる折込チラシの発注枚数を示す折込定数が、ＡＢＣ部数を上回っている地域があったことだ。
たとえば寝屋川市における毎日新聞の折込定数、ＡＢＣ部数、それにチラシの発注枚数は次の通りである。

《寝屋川市》
折込定数　　　　　　　　　　：一万四四五〇部
ＡＢＣ部数（二〇〇八年下期）：一万二〇四〇部
チラシの発注枚数　　　　　　：一万二四五〇枚

折込チラシの発注枚数を決めるに際して、広告代理店は広告主に対して折込定数を示す（通常、ＡＢＣ部数は提示しない）。

右のケースに即して説明すれば、松岡医師は折込定数が一万四四五〇部であることを提示されたわけだから、原則的には同じ枚数のチラシを発注しなければ、全戸にいき渡らない。しかし、松岡医師は若干枚数を減らして、一万二四五〇枚を発注した。新聞の実売部数は日々変わるが、折込定数は五〇部単位で上下して表示されるので、若干発注数を減らした方が無駄がないと考えたのである。

ところがこの枚数は、新聞の公称部数を示すＡＢＣ部数をも上回っている。つまり、ＡＢＣ部数にたとえ一部たりとも偽装部数が含まれていなくても、水増し状態になる。

寝屋川市に隣接する摂津市でも同じような実態になっていた。

《摂津市》

折込定数　：一万九〇〇部

ABC部数　：九三〇〇部

チラシの発注枚数：九四〇〇枚

松岡医師が発注した三五万枚のチラシのうち、実際に配布されたのは何枚なのかを正確に知るためには、新聞折込を依頼した販売店における新聞の実配部数を把握する必要がある。しかし、表向きは搬入部数が実配部数ということになっており、本当の実配部数を示すデータは存在しない。

この事件でも明らかなように、折込チラシの水増し問題では、販売店で過剰になっている新聞が「押し紙」なのか、「積み紙」なのかは関係がない。「押し紙」であろうが「積み紙」であろうが、搬入部数が実配部数を上回っていれば、チラシが水増し状態になる可能性が高い。

なお、毎日新聞の実配部数の実態を推測するための資料として、再三にわたって述べたように毎日新聞の発証数を示す資料「朝刊　発証数の推移」が存在する。繰り返しになるが、それによると、二〇〇二年一〇月の時点で、毎日新聞の発証数は、約二五一万部（全国）である。これに対して販売店に搬入されている新聞の部数は、約三九五万部だった。両者の差異は、一四四万である。

この資料には各ブロックごとのデータも示されている。このうち寝屋川市と摂津市が含まれる大阪本社管内の内訳は次の通りである。

搬入部数：一四三万六六三四部
発証数　：　八六万四三五六枚
差異　　：　五七万二二七八部

「押し紙」率は、四〇％である。これは二〇〇二年一〇月の数字であるから、新聞離れが急激に進んでいる現在の状況下では、さらに進んでいると推測しても誇張にはならない。事実、3章でも紹介したように、毎日新聞蛍ヶ池販売所と豊中販売所では、「押し紙」率が七〇％を超えた月もあった。

こんなふうに見ていくと、松岡医師がチラシの発注枚数に疑問を感じて、折込手料の支払いを拒否した動機には、十分な根拠があるのだ。

折込定数がＡＢＣ部数を上回るケース

わたしはアルファトレンド裁判を機に、折込定数がＡＢＣ部数を上回って表示されているケースが他にもないか調査してみた。調査の概要は次の通りである。

調査対象にした新聞：東京都における朝日、毎日、読売

調査対象の年月：二〇一〇年六月

調査対象とした折込定数表：読売新聞社系の広告代理店・読売ＩＳが作成したもの。

結論は左の表に示す通りである。折込定数がＡＢＣ部数を上回っていた地区は、朝日が一〇地区、読売が一一地区、毎日が一八地区にのぼった。「かさ上げ率」は、平均すると朝日一一%、読売一二%、毎日七%だった。

読売ＩＳはなぜ地域によってはＡＢＣ部数を超えた折込定数を設定したのだろう。もちろん折込チラシの手数料をできるだけ多く稼ぎたいというのがその理由であると思われるが、次のような事情もあるようだ。

まず、広告主が偽装部数の存在に気付き始めている状況がある。偽装部数があるので、当然、折込定数に準じて折込チラシの発注枚数を決めた場合は水増し状態になる。そこで広告主が自主的に発注枚数を減らす傾向が現れてきた。

これに対して広告代理店は、減収を防ぐために、あらかじめ折込定数を高く設定するようになった。数値を高く設定しておけば、そこを起点として、広告主がチラシの発注枚数を減らす

地域	市区郡	ＡＢＣ部数	折込定数
朝日新聞			
東京都	江東区	33,866	34,300
	世田谷区	90,019	93,200
	練馬区	62,515	73,150
	立川市	17,150	17,250
	青梅市	11,090	11,100
	昭島市	9,825	9,850
	調布市	26,420	34,950
	国立市	8,680	11,900
	東久留米市	9,700	12,250
	あきる野市	4,420	6,450
毎日新聞			
	千代田区	8,183	8,250
	江東区	12,247	12,500
	目黒区	4,636	4,900
	世田谷区	19,999	21,550
	荒川区	4,279	6,100
	練馬区	17,966	18,850
	葛飾区	8,511	9,350
	立川市	2,645	2,650
	青梅市	5,438	5,450
	昭島市	1,340	1,350
	調布市	2,856	3,800
	小金井市	2,188	2,200
	日野市	3,675	3,750
	福生市	838	950
	東大和市	643	700
	東久留米市	1,725	1,750
	稲城市	1,175	1,200
	西多摩郡	430	450
読売新聞			
	江東区	48,933	49,600
	世田谷区	66,906	68,000
	豊島区	21,269	27,100
	荒川区	19,708	23,200
	板橋区	58,550	64,250
	武蔵野市	13,267	22,200
	小平市	20,148	20,150
	福生市	10,633	10,650
	東大和市	8,023	12,150
	多摩市	14,689	17,300
	あきる野市	12,616	14,300

東京都内で折込定数がABC部数を上回っている地域。朝日、読売、毎日を対象に調査した。

わけだから、発注枚数を減数してもなおチラシは水増し状態になる。その結果、収入源の幅をおさえる事ができる。

物流過程で「中抜き」

しかし、詐欺的な商法はこれに止まらない。もっと悪質な手口にエスカレートしている。

アルファトレンド裁判では、折込チラシの水増しとは別の疑惑も浮上している。既に述べたように松岡医師は三五万枚の折込チラシの配布をアルファトレンドに依頼した。これを受けてアルファトレンドは、取引先の㈱マーケティング読宣（読売系）に三五万枚のチラシを新聞販売店へ分配するように依頼した。しかし、これを受けてマーケティング読宣が直接、販売店へチラシを搬入するわけではない。同社は、親会社にあたる㈱読宣に対して、チラシを販売店へ搬入することなど、必要な業務を依頼したのである。

そこで読宣は、指定された販売店へチラシを搬入したのだが、その総枚数が三〇万枚だったことが、後に判明したのだ。つまり物流の過程で五万枚が「中抜き」されていたことが発覚したのである。

松岡医師が発注したチラシが、販売店へ到着するまでの流れを整理すると、次のようになる。

1、アルファトレンドが松岡医師からチラシ三五万枚を受注

2、アルファトレンドがマーケティング読宣に手続きを依頼
3、マーケティング読宣が読宣へチラシ搬入などの作業を依頼
4、読宣が販売店へ三〇万枚を搬入

「2」「3」「4」のどこかで五万部が「中抜き」されたことになる。

このような事実が発覚した発端は、松岡医師が入手した一枚の伝票だった。兵庫県内の産経新聞販売店から入手したもので、裁判の対象になっているチラシの搬入枚数が記されていた。枚数は、二八〇〇枚である。この数字を見て松岡医師は驚いた。

この販売店に対する割り当て枚数は三三〇〇枚だったからだ。松岡医師はこの販売店だけで、五〇〇枚が「中抜き」されていることを発見したのである。

松岡医師は、他の販売店への物流過程でも、おなじ事が行われているのではないかと疑った。そこで自分が発注した三五万枚の全てが、販売店へ搬入されているのか否かを調べることにした。

松岡医師は、まず、読宣に対して販売店に搬入したチラシの枚数を裏付ける資料を提出するように求め、裁判所へ情報開示請求（公式には、文書送付嘱託申立）を申し立てた。文書送付嘱託申立とは、裁判所の権限で、必要な情報を開示させる命令を下させるための手続きである。

裁判所は松岡医師の請求を認めた。その結果、読宣は、販売店へのチラシの搬入を依頼して

きたマーケティング読宣に対して送った請求書を提出したのである。

そこに示されていたチラシの取り扱い数量は、三〇万枚だった。つまりマーケティング読宣は、読宣に対して、チラシ三〇万枚を販売店に搬入するように依頼し、これを受けて読宣が三〇万枚分の手数料を請求したのである。これはチラシの物流が読宣の段階に入った時点では、すでに五万枚のチラシが中抜きされていたことを意味する。

この事実を踏まえて、大阪地裁はアルファトレンドとマーケティング読宣に対して、検証対象になっているチラシの発注枚数を示す資料を開示するように命令を下した。

マーケティング読宣は、自社がアルファトレンドへ送った請求内訳を提出した。そこに示された数値は三〇万枚。従って中抜きしたのは自社ではなく、下請けのアルファトレンドだという主張が成立つ。これに対して、アルファトレンドはそのような請求内訳は受け取っていないと主張して、マーケティング読宣に対し、請求内訳を送付した事実と、その日時を記した文書を示すように求め文書送付嘱託を申し立てた。このように二つの社は、チラシの「中抜き」の責任をめぐり「内紛」に陥った。そこで裁判官の職務権限でアルファトレンドの社員（二〇〇八年当時のマーケティング読宣の担当者で、現アルファトレンドの社員）を証人尋問することになったのである。

その後、わたしはチラシの「中抜き」に関する別の情報を入手した。広告会社の元社員から次のような証言を得たのだ。社名は公開しないが、内部の者しか知り得ない証言である。

「チラシの『中抜き』は広く行われています。たとえば五〇万枚のチラシに対して、一〇％にあたる五万枚を『中抜き』するとします。この場合、チラシの配布依頼書の『配布先（黒薮注：通常は新聞販売店名）』欄に、『その他』という欄を設け、そこに五万枚を記入して事務処理をします。中抜きの枚数は、上司が鉛筆で数字を記入して指示していました。すべてのチラシで同じ手口を行えば、膨大な不正収入になります」

販売店でチラシを破棄させるよりも、物流の段階で「中抜き」する方が、運送代が節約できる上に、中抜きした折込手数料の全額が広告代理店に入るので合理的だ。こうした事情の下で、「中抜き」の手口が広がったのではないだろうか。

チラシ水増し行為を告発された場合、広告代理店は「積み紙」、あるいは「押し紙」の存在を立証することで、その責任が販売店か新聞社にあると言い逃れることができるが、「中抜き」は弁解の余地がない。

いずれにしても折込チラシをめぐる不正が横行している背景には、部数をごまかして恥じない新聞業界の体質がある。

5章　新聞社の優越的地位と偽装部数問題

この章では、偽装部数の背景を新聞社と販売店の権限の格差という観点から検証してみよう。両者の間にある権限の違いは大きい。

繰り返し述べてきたように、地位保全裁判においても、「押し紙」裁判においても、販売店が偽装部数の買い取りを断ったかどうかが判決を左右する鍵になる。「断った証拠」を提出できなければ、偽装部数の中味を「積み紙」と判断され、提出できれば「押し紙」と判断される。従って販売店が勝訴するためには、「断った証拠」を裁判所へ提出しなければならない。

証拠とは、たとえば毎日新聞箕面販売所の杉生守弘店主が実行したように、内容証明郵便で自分が希望する注文部数を提示した記録のことである。あるいは、口頭で新聞社に注文部数を提示する際に録音した会話である。

わたしはこれまで少なくとも二〇〇名を超える販売店主（元店主を含む）を取材してきた。取材を通じてわたしは、店主の大半が新聞社の「押し紙」政策を周知の事実として認識し、新聞を押し付けられていると感じていることを知った。

そのために「押し紙」裁判を起こせば、裁判所はある程度までは事情を理解してくれると楽観的に考える傾向がある。そのため、「押し紙」の証拠を残しておこうという意識はあまりない。それが裁判でなかなか勝訴できない原因のひとつである。

しかし、実際に店主が新聞社に対して面と向かって偽装部数の受け入れを断ることは可能なのだろうか。あるいは偽装部数を断った場合、新聞社はどのようなリアクションを起こすのだろうか。

かつては偽装部数の受け入れを断れば、即時に販売店を強制改廃されることが多かったが、最近は必ずしもそうとはいえない。と言うのも新聞産業の衰退が日増しに顕著になる状況下で販売店を強制改廃しても、後任の店主が見つからない場合があるからだ。後任の店主がいなければ、新聞社が自社の販売会社などを通じて、販売店の店舗を管理しなければならない。それが新聞社にとって負担になることもある。

毎日新聞の杉生店主（箕面販売所）や高屋店主（蛍ヶ池販売所等）が、毎日新聞社に対して偽装部数を断っても強制改廃されなかったのは、これらの販売店の偽装部数があまりにも多く、後任者を探す苦労が予測された結果だと思われる。

今後、新聞業界の衰退が進むにつれて、偽装部数を断っても、販売店を強制改廃されない傾向が強くなっていく可能性が高い。しかし、それでもなお新聞社に正面から偽装部数の買い取りを断るのは簡単なことではない。店主らの脳裏に、威圧的な新聞社のイメージが根を張っているからだ。

わたしは新聞販売店訴訟の取材を続ける中で、新聞販売の問題は商取引という観点とは別に、人権問題の側面があることに気付いた。新聞社員の中には販売店の関係者に対する軽蔑の念を持っている人が多い。自分たちと販売店主が対等という意識はない。それゆえに販売店に対するドラスチックな措置が時々起こる。新聞社と販売店の権限の違いを見せつけた二つの事件を紹介しよう。

沖縄タイムスと販売問題

まず、最初は一九九八年に沖縄県の那覇地裁で起された裁判である。

原告の金城初子氏は三〇年来、沖縄タイムス美田販売店を経営してきた。沖縄タイムスに限らず、大半の新聞社は、新任の店主が販売店経営に着手する際に保証金を預かる制度を採用している。新聞の卸代金に未払いが生じた場合に、保証金から徴収するのが目的だ。

沖縄タイムスの場合、保証金の金利は六%だった。ところが一九九七年、利率を五%に引き下げる方針を販売店へ伝えた。金城氏はこれに納得できずに承諾を保留した。これに対して沖縄タイムスは、金城氏との商契約の更新を拒否したのである。

沖縄タイムスの商契約は、一年ごとに満期・更新を繰り返す条件になっていた。それゆえに更新を拒否する機会は、一年に一回の割合で巡ってくる。極めて改廃がやりやすい条件があった。

三〇年間も新聞を配達し続けてきた金城氏の解任は、他店の店主にも衝撃を与えたらしく、知人の店主が土下座して改廃の撤廃を求めた。しかし、申し入れは聞き入れられなかった。

金城氏は那覇地裁で裁判を提起したが、店主としての地位を保全することはできなかった。地裁、高裁、最高裁のいずれも金城氏の訴えを棄却した。改廃に際して沖縄タイムス社は事前の改廃通告を行い、交渉にも応じており、契約更新拒否の条件を満たしていると判断されたのである。

この事件でわたしが強調しておきたいのは、沖縄タイムスという新聞社の性質である。沖縄タイムスは、米軍による戦後の沖縄支配という状況の中で、民衆の立場に立った真っ当なジャーナリズムを展開してきた数少ない新聞社である。米軍基地問題に関する報道では、本土の新聞とは比較にならない質の高さを誇っている。

一方、金城氏は沖縄戦で一三人の家族のうち、一一人を失っている。沖縄戦の典型的な犠牲者である。金城氏が沖縄タイムスのために働いてきたのは、反戦を掲げた沖縄タイムスの姿勢に共感してきたからである。いわば同社を自分の同志のように感じて、部数普及にも努めてきたのだ。

実際、金城氏は営業成績が優秀で、沖縄タイムスや販売店主の組織から「繰り返し表彰状、褒賞金等を受けたり、台湾旅行に招待されるなどし、一九九六年には那覇地区販売店会の副会長を務めた」（地裁判決）という。さらに、「販売店は販売区域内に事務所を構えなければならないとする被告（沖縄タイムス）の方針に従って」（地裁判決）首里石峰町に新築した自宅を手放した過去もある。

こんなふうに金城氏は、沖縄タイムスの報道姿勢に共感し、販売方針にも協力してきたのである。ところが保証金の金利引下げに対して承諾を保留し、自分の意見を述べただけで、沖縄タイムスは商契約を打ち切ったのである。この事件は、販売店主にはほとんど発言権がないことを物語っている。

金城氏の解任で他店の店主たちが萎縮したことは容易に想像できる。発行本社に刃向かえば、たとえベテランの店主であっても簡単に失職させられることを思い知らされたのである。

店主の死を機に販売店改廃

二つ目の例は、京都新聞藤ノ森販売所の事件である。このケースでは、販売店側の心情にまったく配慮しない販売局員たちの人間性が露呈した。

店主の池内巌氏は、三五年にわたって藤ノ森販売所を経営してきた。しかし、二〇〇一年九月三日に、食道癌で亡くなった。手術を受けた後、三年におよぶ闘病を続けたが、回復することなく京都市伏見区にある国立京都病院で息を引き取ったのである。

新聞販売店は、休刊日を除いて一日たりとも新聞の配達を休むわけにはいかないので、池内家の人々は、密葬という形で巌氏に別れを告げた。それでも出棺の時には、近所の人々が次々と集まってきたという。配達業務を通じて、巌氏が地域にとけ込んでいたからである。

妻の淑子氏は、自分が店主になって家業を引き継いだ上で、専従の川村勝久氏（仮名）に店を任せる予定にしていた。

川村氏は中学校のころから、藤ノ森販売所で新聞配達のアルバイトをしながら母親と二人の妹を支えてきた。父親がほとんど家に寄りつかなかったので、川村氏が新聞配達をして家計を助けたのだ。

最初は一人分の配達区域を他の新聞少年と分担して二人で配っていた。しかし、これでは収入が少ないので、店主の巌氏は一人で一区域を配るように勧めた。さらに仕事に慣れると夕刊も配るように勧めた。通常、夕刊の配達料金は、朝刊よりも安く設定されるが、巌氏は川村少年に対しては格差を付けなかった。家庭の事情をよく知っていたからである。

川村少年は午前四時半に起床して藤ノ森販売所へ出勤する。折込チラシを新聞に挟む作業が終わると、自転車に新聞を積み込んで明け方の街へでる。配達を終えて店舗に戻るのが六時過ぎである。会社員たちが出勤する前の時間帯に新聞を届けなければ、購読を中止される恐れがあるので、早い時間帯に配達業務が終わるようにタイム・スケジュールが組まれているのだ。川村少年は自宅へ戻って八時まで仮眠する。それから朝食も食べずに学校へ駆けつけていたという。しかし、登校しても、配達の疲れで授業中に何度も眠気に襲われ、集中して勉強するどころではなかった。学校が終わると、夕刊を配達するために藤ノ森販売所へ直行した。

こうした生活を続けるうちに、部活動に励んだり進学を目指す級友たちとの間に距離が出来てしまった。

中学校を卒業して川村少年は高校へ進学したが、新聞配達のアルバイトで稼ぐ金は授業料と通学定期の購入代金で消えてしまった。そこで高校を中退して、藤ノ森販売所の専従になったのである。

巌氏は、こんな境遇に同情したのか、自分の四人の子供と分け隔てなく川村少年を扱った。家族で旅行に出かけるときは、必ず川村少年を誘った。もっとも旅行といっても、新聞休刊日を利用して北陸の加賀温泉にでかけるなど、一泊二日の短いものであったが。

川村氏は巌氏を実の父親よりも慕うようになった。そんな川村氏にとって、生涯で最も感激したのは、自分の結婚式で巌氏から贈られた言葉だった。

巌氏は式に参加した人々を前に、川村氏を将来、藤ノ森販売所の所長にすることを決めていると明かしたのである。

川村氏の結婚相手は、同じ藤ノ森販売所で新聞配達をしてきた女性だった。藤ノ森販売所で知り合った二人が共に生きていく姿を見て、巌氏は二人を応援する気持ちになったようだ。巌氏が癌で入院してから、川村氏は病院へ通うようになった。朝刊とスポーツ紙、それに缶コーヒーを届けた後、業務報告するのが川村氏の日課になったのである。

死期が近づくと巌氏の視線は優しくなったが、業務のことになると叱ることが増えたという。残された時間に、少しでも後継者の能力を磨いておこうとした結果に違いなかった。

このような経緯があったので池内淑子氏も、店の後継者を誰にするかは迷いがなかった。暫定的に自分が所長になり、時期を見て川村氏に引き継ぐことに決めたのである。

ところが京都新聞社は、藤ノ森販売所を隣の地区の販売店と統合して、自社直営の販売店に再編する計画を立てていた。つまり巌氏が亡くなった時点で藤ノ森販売所を廃止する予定だった。

京都新聞の担当員は初七日が明けるとすぐに藤ノ森販売所を訪問した。そして、淑子氏に後継者にする意思がないことを直接伝えたのである。もちろん川村氏も後継者候補にはなり得なかった。

新聞産業が衰退する中で、販売店の統廃合は必要悪の側面があることは否定できない。しかし、最大の問題は統廃合の犠牲になる巌氏の家族や川村氏に対する態度である。京都新聞は、強制改廃をみずからの特権のように考え、店主の初七日明けに藤ノ森販売所の改廃を宣言したのである。せめて家族が日常生活を取り戻してから、今後の措置についての話を切り出すべきだった。

新聞社と販売店は対等という意識がまったくないから、このような傲慢な態度に出たのではないだろうか。

ちなみにこの事件も裁判所がらみの係争へ発展した。淑子氏は、まず地位保全の仮処分命令を申し立てた。しかし、部数内訳の虚偽報告などを理由に京都新聞による改廃の正当性が認められた。京都新聞の勝訴だった。

その後、淑子氏は滋賀県新聞販売労組や地域住民の支援を得て本訴の提起へ動き始めていたが、病に倒れて計画を断念した。

淑子氏の代理人に就任した吉原稔弁護士は、新聞社による販売店改廃を「切り捨て御免」と表現した。販売店の無権利状態を表した表現にほかならない。

沖縄タイムスの事件も京都新聞の事件も、新聞社と販売店の権限の違いを見せつけるかたちとなった。

販売店を自主廃業へと誘導

しかし、繰り返しになるが新聞社の方針を受け入れなければ、必ず販売店を強制改廃されるわけではない。新聞社としても、新聞の配達が出来なくなれば、逆に不利益を被るからだ。それに手際の悪い強制改廃は、沖縄タイムスや京都新聞のケースのように、法的紛争に発展しかねない。

そのためか、販売店改廃は巧妙に行われることが多い。知的で巧みな販売店改廃の典型的な例として、二〇〇一年一二月に群馬県館林市緑町にある読売新聞販売センターの店主・大沢章（仮名）氏が解任されたケースを取り上げてみよう。

大沢氏は、二〇〇一年一〇月ごろから自主廃業を勧められていたが、これに応じる意思はなかった。そこで読売新聞社を相手に、地位保全裁判へ踏み切ったのである。

しかし、読売は大沢氏の意思に反して二〇〇二年一月に強制改廃に踏み切った。さらに同年の九月になって、大沢氏に対し「反訴」裁判を起こした。「反訴」の主旨は、改廃時に大沢氏が読者名簿などの帳簿類を提出していなかったために、読売が読者調査などに要した費用約二七〇〇万円を払えというものだった。

「反訴」の訴状には、読売が強制改廃を断行した理由が説明されている。読売が根拠としたのは、商契約の第一一条に明記された「即時解除事由」である。そこには新聞社の名誉や信用を害したり、虚偽の申告を行ったり、さらには諸法規に違反した時には、事前の通告なしに販売店を改廃できる条件が明記されている。読売が訴状に明記している改廃理由は、次の五点である。

（1）暴力団構成員の使用

（2）販売部数の虚偽・粉飾（過剰予備紙・積み紙）
（3）不正不当な勧誘行為
（4）無登録業者（黒薮注：新聞セールス団のこと）の使用
（5）経営意欲の喪失

このうち「（1）暴力団構成員の使用」については、次の三点を指摘している。まず第一に大沢氏が暴力団員Aから従業員の斡旋を受けたことである。第二にAを使って違法・不正な新聞拡販を実施させたことである。第三にAを使って大沢氏の従業員から借金を取り立てたことである。

これらの行為がかりに事実とすれば、確かに読売の名誉と信用を毀損したり、法規に違反していることになる。しかし、暴力団員と関係を持つ者や「刑務所帰り」の者が紛れ込んでいる新聞販売業界の中で、だれがこの種の人物であるのかを見抜くのは至難のわざだ。新聞拡販の能力さえあれば、前歴はあまり問わないというのが業界の慣行である。

「（2）販売部数の虚偽・粉飾（過剰予備紙・積み紙）」については、本書で繰り返し言及してきた通りである。新聞の偽装部数を事務処理する上で、部数内訳の虚偽報告は必要悪と化している。それを改廃理由にすれば、ほとんどの販売店が改廃対象になってしまう。

「（3）不正不当な勧誘行為」に至っては、新聞業界全体の問題としてこれまでもたびたび指なお甲1に契約名義人として記載されている「株式会社読売新聞社」において、平成14年7月1日に会社分割が行われたため、本件契約上の地位は「株式会社読売新聞社」から「株式会社読売新聞東京本社」に承継されている。

3　債務不履行に基づく解除

原告は被告明戸に対し、平成14年1月19日、以下のとおり本件契約第11条の即時解除事由等に該当することから、本件契約を解除する旨告知した。

（1）暴力団構成員の使用

被告明戸が暴力団構成員を業務において使用し、同人らから従業員の斡旋を受け、あるいは同人らをして違法・不正な販売勧誘をさせ、ないし被告明戸の従業員の借金を取り立てさせるなどの事実が発覚した。

「配達販売もしくは代金に関し不正な行為をしたとき」（同条2号）、「被告の名誉または信用を害したとき」（同条3号）、「営業上遵守すべき諸法規に違反したとき」（同条12号）「配達その他業務一般につき購読者から不信を被り、または被告の販売方針に違反したとき」（同条13号）の解除事由のいずれにも該当する。

（2）販売部数の虚偽・粉飾（過剰予備紙・積み紙）

被告明戸は、業務報告書その他帳簿類を改竄し、真実は販売していないにもかかわらず、491部もの居宅に戸別新聞販売をしているかの如く装って原告に対し部数を水増報告し、もって原告を欺いていた。

これは原告に「対し虚偽の申告を行ったとき」（同条14号）に該当する。被告明戸は原告より新聞を配達することを委託されているのであって、原告発行の新聞の「購読者の求めに基づき」（3条後文）、原告に部数を注文するのが本件契約の本旨・本質である。存在しない購読者を前提にした部数を注文することは許されず、「その他本契約の各条項に違反したとき」にも該当する。

（3）不正不当な勧誘行為

3

損賠訴状 0923

読売の反訴状。改廃理由として「（1）暴力団構成員の使用」「販売部数の虚偽・粉飾（過剰予備紙・積み紙）」などと記されている。

摘されてきた。大沢店主の店に限ったことではない。

典型的な例をあげると、一九五五年に読売（大阪本社）は、「発刊三周年　二億円の大奉仕」と呼ばれる読者向けのキャンペーンを展開したことがある。

これは、総額二億円の景品を提供する福引きである。一等は現金一〇〇万円で、本数は一〇本。二等はテレビ、冷蔵庫、スクーターなど総計で五〇本。

関西を本拠地とする新聞社の社長で構成する関西新聞社経営者懇話会は、読売を公正取引委員会へ告発した。これを受けて東京高裁は、読売に対して「二億円の大奉仕」を中止するように命令を出した。

しかし、この処分によって景品を使った新聞拡販の芽が一掃されたわけではなかった。景品付きの新聞販売はむしろ定着してゆき、新聞社相互が激しい拡販戦争を繰り広げるようになったのである。

つまり「不正不当な勧誘行為」は慣行になっており、それを改廃理由にするのであれば、ほとんど全ての店に当てはまる。

「（4）無登録（セールス員）業者の使用」についても、大沢店主の店に限った特別な問題ではない。新聞業界全体の問題である。

「（5）経営意欲の喪失」については、極めて多様な解釈があることは疑いようもない。個人の主観でどうにでも解釈できる。

かりに（1）～（5）が正当な改廃理由として認められるとすれば、販売店主は後頭部に銃を突きつけられているのと同じだ。口を封じられているに等しい。常に改廃の危機に直面していることになる。

しかし、この裁判で東京地裁は読売の訴えを正当と認めたのである。司法当局がこのような判断を下し続ける限り、販売店は偽装部数の受け入れを簡単には断れない。新聞社の言いなりになるしかない。その結果、折込チラシの水増しという第二の問題にもメスが入らない。誤った司法判断の結果、不正な商取引の連鎖になっているのである。

新聞販売店の改廃事件では、強引な改廃にしても、知的で巧みな改廃にしても、その背景には、新聞社の優越的な力が働いている。販売店主一人の力では太刀打ちできないというのが実情だ。販売店が偽装部数の受け入れを断れない理由もこのあたりに存在している。

6章　人権問題としての真村裁判

新聞販売店訴訟の中で、仮処分命令申し立ての「決定」と本訴の判決で、相矛盾する正反対の判断が示された例がある。

それは第二次真村裁判のケースである。

第一次真村裁判については、実質的に読売による優越的地位の濫用と「押し紙」政策を認定した福岡高裁判決の例を中心に、本書の2章で紹介したとおりである。それは日本最大の発行部数を誇る読売の販売政策を批判する判決だった。

この福岡高裁の判決を最高裁が認定するかたちで、第一次真村裁判が終わったのは二〇〇七年一二月だった。真村氏の勝訴が確定したわけだから、当然、自店の営業も継続できる見通しとなった。事実、読売の担当員は、それまで中断していたＹＣ広川への訪店を再開した。

ところがそれから半年を経た翌年の七月末、読売は真村氏に事前通告をしたうえで、ＹＣ広川を改廃した。真村氏との商契約が満期になったのを機に、契約更新を拒否した結果だった。真村氏は七年にわたる係争に勝利して地位を保全したにもかかわらず、そのわずか七カ月後に職を奪われたのである。

そこで真村氏は再び地位保全の仮処分命令を申請した。同時に本裁も提起した。新聞の配達地域の一部返上を求められて、読売との間でトラブルになり仮処分命令を申し立てた二〇〇一年と同じような状況に追い込まれたのである。これが第二次真村裁判の発端だった。

第二次真村裁判では、仮処分命令の審尋と本裁が並行して進められた。同じ事件について二つの法廷で検証を進めたわけだから、裁判所が明確な判断基準を持っていれば、同じ結論にならなくてはおかしい。

ところが第二次真村裁判では、仮処分命令と本裁で一八〇度異なる見解が示されたのである。これはある意味では、裁判の判断基準があいまいで、裁判官の主観により判決が左右されることを意味する。

同じ事件を同じ裁判所が扱っていながら、正反対の結果になったのだ。

第二次裁判が始まった二〇〇八年の夏には、真村氏の弁護団や支援者は、裁判所が真村氏の地位を認めないことはまずあり得ないと予想していた。仮処分命令の申請も本裁も勝訴できると考えていた。第一次裁判で最高裁が地位を保全したわけだから、その後、読売がＹＣ広川を改廃するまでの七カ月間に真村氏が読売の信用を失墜させる重大な不祥事でも起こさない限りは、改廃の正当な理由が存在しないからだ。

仮処分命令の審尋――木村元昭裁判官の正義感

事実、まず最初に仮処分命令の申し立てに対して、真村氏の地位を保全する決定が下った。諸岡慎介裁判官は、真村氏の地位を仮に認め、読売に対してＹＣ広川への新聞の供給を再開するように命令を下した。その後、第二審も第三審も真村氏が勝訴した。

このうち第二審、木村元昭裁判官が二〇一〇年一月一五日に下した決定を紹介しよう。まず、木村裁判官はＹＣ広川の改廃が正当か否かを判断する総合的な基準を次のように示している。

債務者（読売）が、継続的契約である本件新聞販売店契約の更新を拒絶するためには、信義側上、正当事由、すなわち、債権者（真村）が、本件新聞販売店契約を締結した趣旨に著しく違反し、信頼関係を破壊したことにより、同契約関係を継続することが困難で、同契約を終了すべき正当事由が存在することが必要であると解するのが相当である。

引用文にある継続的契約とは、アパートの賃貸契約など契約の満期を繰り返しながらも自動的に継続する契約を意味する。一旦、アパートに入居すると、家賃を滞納しない限り、家主から部屋の明け渡しを求められることはめったにない。フランチャイズや新聞販売店の契約もこの部類に入る。

読売は真村氏との商契約が満期になったことを理由に、契約更新を拒否したのであるが、それが正当か否かを判断する基準として、裁判所は「同契約関係を継続することが困難で、同契約を終了すべき正当事由が存在」することを条件にあげた。と、言うのも読売は「信頼できる人物を人選した上で契約締結」に漕ぎつけていると考え得るうえに、真村氏が販売店経営に多額の投資（初期投資だけで一二〇〇万円）を行ってきたからだ。継続的契約に基づいて販売店経営を展開してきたにもかかわらず、簡単に契約を解除されたら、店主の人生設計まで破綻しかねない。それゆえに契約を解除するためには、正当な理由が必要だというのが、裁判所の考えだ。

そこで木村裁判官は具体的にＹＣ広川を改廃するための道理ある理由が存在するか否かを検証する。

まず、第一に真村氏の営業成績と仕事への熱意についての検証である。読売は、真村氏の営業成績が悪いことなどを改廃理由のひとつにしてきた。

木村裁判官の事実認定によると、確かに読売が主張するように真村氏の営業成績は極めて不良だった。たとえば二〇〇一年八月の実配部数は一五二六部だったが、二〇〇八年七月には五五〇部に減少した。もっとも部数の低落は他店も含めて全体的な傾向だったが、ＹＣ広川の営業不振は際立っていた。

しかし、それにもかかわらず木村裁判官は、ＹＣ広川の営業不振にはやむを得ない事情があったと判断したのである。それは第一次真村裁判が進行している間、読売がＹＣ広川を「飼い殺し」にしていた事実である。実際、真村氏は読売から「増紙業務は不要である」と告げられていた上に、ＹＣ店主の集まりである筑後読売会への参加も禁じられていた。読売会を通じてセールス会社へ拡販活動を委託したり、新聞拡販に使う景品類を購入する制度になっているので、読売会に参加できないとなれば、営業に大きな支障をきたす。

しかも、読売は第一次裁判で敗訴が確定した後、「飼い殺し」こそ中止したが、ＹＣ広川の成績を回復させるための十分な支援を行っていなかった。木村裁判官は、それが「ＹＣ広川の業績悪化・成績不良の主要な原因となっていたことは明らかというべきである」と結論付けて、業績の悪化が改廃理由には該当しないと判断したのである。

第二に木村裁判官は、真村氏の言動について検証している。読売は改廃理由のひとつとして、読売の担当員・川本氏に対する真村氏の言動をあげていた。不穏当な言動があったというのだった。

川本氏は、第一次真村裁判の原因となった真村氏に対する改廃通知を行った張本人である。真村氏にとっては加害者であり、憎悪の的だった。その川本氏を読売は、第一次真村裁判が終わったのち、ＹＣ広川の担当員に就任させたのである。真村氏にしてみれば、嫌がらせとも感じられる方針だった。

川本氏は第一次真村裁判の終了後、二〇〇八年一月一五日を皮切りに、計八回YC広川を訪問した。常識的に考えれば、最初の訪問時にはこれまで双方が抱いてきた相手に対する悪感情を清算する努力をすべきである。しかし、真村氏によると、川本氏の口からこれまで行ってきた「飼い殺し」に対する謝罪の言葉はなかったという。そのために真村氏は感情を害した。その時の真村氏の言動を川本氏は、秘密裏にテープに録音し、後日、裁判所に提出したのである。最初の訪店で川本氏は、たとえば次のような言葉を録音している。

「お前、なんばいいよっとや。ああ」
「お願いは、お前が、命令しよったんだろうが、このやろう」
「なんかきさま」
「まず、謝罪をせんか」

別の日に録音された会話もあわせて検証し、木村裁判官は真村氏に不穏当な言動があったことを認定した。しかし、読売が第一次裁判の判決が確定した後も、YC広川を「再建」する方向で誠実に対応していないことを理由に、真村氏の言動が「挑発的、侮辱的又は脅迫的であったとして非難することはできない」と結論付けたのである。すなわち真村氏の言動により読売との「信頼関係が破壊」されたとは認めず、改廃理由として採用しなかった。

仮処分命令の審尋――「黒薮への協力」に理解

第三に木村裁判官は、次の項目についても改廃理由として正当かどうかを検証している。具体的には、「黒薮への協力」、「新読売会の設立」、それに真村氏による「別件訴訟の提起」である。順を追って解説しよう。

まず、「黒薮への協力」というのは、新聞の偽装部数問題について報道を続けているわたしの取材に真村氏が応じ、自店における商取引に関する資料を提供したことを意味する。入手資料のうち、わたしは読売の社員が真村氏の訴訟の中で裁判所に提出した上申書とYC広川の業務報告書（作成者は真村氏）をウェブサイトなどで公にした。読売はこの行為の責任が真村氏にあるとして、「首切り」の理由にしたのである。

また、「新読売会の設立」というのは、第一次裁判の福岡高裁判決で真村氏が勝訴したのち、真村氏を含むYC店主ら数人が、既存の読売会とは別に店主の組織を結成したことを意味している。すでに述べたように、真村氏は読売会を実質的に除名されていたために、セールス団の派遣を受けるなど会員としての権利を行使できなくなっていた。そこで数人のYC店主と共に新読売会を立ち上げたのである。

さらに、「別件訴訟の提起」というのは、真村氏が二〇〇八年五月に、渡邉恒雄会長を含む読売の取締役や筑後読売会に対して損害賠償を求める裁判を提起した行為を意味する。この裁判の前提になっているのは、その半年前に最高裁で確定した第一次訴訟の勝訴である。

賠償請求の中身は、第一次訴訟のあいだ、「飼い殺し」などの差別を受けたために営業上で被った損害などである（この裁判は、地位保全を求めた第二次真村訴訟に統合された）。

ところが読売は、真村氏が「別件訴訟」を提起したことを改廃理由として持ち出してきたのである。

これら三つの改廃理由（「黒藪への協力」、「新読売会の設立」、「別件訴訟の提起」）を木村裁判官はどのように評価したのだろうか。結論を先に言えば、読売が真村氏との間の「新聞販売店契約を継続することをためらう事情が存する」ことは認めた。しかし、それをもってYC広川の改廃を認めることは出来ないと判断したのである。

なぜなら真村氏が、「黒藪」に協力したり、新読売会の設立に参加したり、別件訴訟を提起せざるを得なくなった原因を作ったのは読売であるからだ。

たとえば読売は、真村氏に対して「飼い殺し」策などを採用し、「通常の新聞販売店が販売活動を行う上で利用できる各種手段を利用できないような措置」を採っていた。第一次訴訟の判決が確定した後も、「何ら積極的・具体的な支援を行うことなく、債権者（真村）の要望等に対し迅速かつ誠実に対応」しなかった。

結論として木村裁判官は、「黒薮への協力」、「新読売会の設立」、それに「別件訴訟の提起」を、「YC広川の新聞販売店たる地位及び債権者の経済的利益を維持するために取った手段」と評価し、改廃理由として認めなかった。

余談になるが第二次真村訴訟の読売側の書面には、「自称ジャーナリスト黒薮」に真村氏が情報を提供していたという記述が出てくる。真村氏が情報を提供したことを批判しているのだが、メディアに情報を提供することが違法行為であれば、ジャーナリズム活動は成り立たない。日本を代表する新聞社が情報を提供する行為を「悪」と主張しているのである。これは実に奇妙な現象と言わざるを得ない。

なお、この仮処分命令は真村氏の後任として店主に就任した人物の扱いについても次のように言及している。

> 債務者（読売）は、自ら行った本件更新拒絶が有効であるとの前提の下に松尾（後任店主）との間で締結した本件販売区域における新聞販売店契約については、相当の補填措置を講じた上で合意解除するなどして終了させ、その営業を債権者（真村）に引き継がせるなどして、債権者（真村）に本件販売区域における新聞販売店としての地位を回復させる義務を負っているというべきである。

郵便はがき

料金受取人払郵便

神田支店
承認

5360

差出有効期間
平成26年8月
31日まで

101－8791

507

東京都千代田区西神田
2-5-11出版輸送ビル2F

㈱花伝社 行

ふりがな
お名前

お電話

ご住所（〒　　　　　　）
（送り先）

◎新しい読者をご紹介ください。

ふりがな
お名前

お電話

ご住所（〒　　　　　　）
（送り先）

愛読者カード

このたびは小社の本をお買い上げ頂き、ありがとうございます。今後の企画の参考とさせて頂きますのでお手数ですが、ご記入の上お送り下さい。

書 名

本書についてのご感想をお聞かせ下さい。また、今後の出版物についてのご意見などを、お寄せ下さい。

◎購読注文書◎

ご注文日　　年　　月　　日

書　　名	冊　数

代金は本の発送の際、振替用紙を同封いたしますので、それでお支払い下さい。（２冊以上送料無料）

なおご注文は　FAX　03-3239-8272　または
メール　kadensha@muf.biglobe.ne.jp
でも受け付けております。

この記述からは、真村氏を現役店主に復帰させようとする木村裁判官の強い意思と正義感が読み取れる。

第三審（福岡高裁）も第二審の「決定」を追認した。第三審は、新聞販売店契約のような継続的契約の場合、契約が満期になったからといって、容易に解除が許される性質のものではないことを強調している。販売店は、長期の取引を前提として事業計画を立て、投資を行っているからだ。

また、真村氏の地位を保全した別の理由として、商契約を締結するにあたり読売が「信頼できる人物を人選した上で契約締結に及ぶと考えられる」ことをあげている。さらに読売が、真村氏との契約を繰り返し更新してきた既成事実もある。更新を続けてきた事実を根拠に、読売が真村氏を「新聞販売店経営者として適任であると判断していた」証であるとみなしたのだ。

結局、真村氏からの仮処分命令の申し立てに対して裁判所は、読売による契約解除を不当と結論付けたのである。

福岡地裁判決——真村が全面敗訴

真村氏が仮処分命令を申し立てたのは、二〇〇八年八月で、第三審の判決が下ったのは、二〇一一年三月であるから、仮処分命令に対する審尋は二年八カ月に及んだ計算になる。一方、本訴はどのような経緯をたどったのだろうか。

提訴の時期は、仮処分命令の申し立てと同様に二〇〇八年八月である。そして福岡地裁が判決を下したのは、二〇一一年三月である。厳密に言えば、仮処分命令の申し立てに対する第三審の決定が下った一三日後の三月一五日である。

つまり裁判所がこの事件に費やした検証の期間は、仮処分命令（第一審から第三審）と本訴という違いはあるにしてもほぼ同じだ。しかも、真村氏の側が裁判所に提出した資料も、検証された内容もほぼ同じである。

と、すれば仮処分命令の申し立てで完勝した真村氏が、本訴でも勝訴すると予測するのが自然だ。

事実、わたしも真村氏の勝訴はゆるぎないと思っていた。真村氏の支援者に至っては、判決日を前に「完全勝訴」の垂れ幕まで準備していたという。ところが裁判所は真村氏に敗訴を言い渡したのである。勝ったのは読売だった。

本訴の判決を下したのは、西井和従裁判長である。以下、順を追って判決の内容を検証してみよう。

まず、西井裁判長は新聞販売店と新聞社の間で交わされている商契約を解除するための前提条件について次のように述べている。

被告が継続的契約である原告との本件販売店契約の更新をしないというためには、正当理由、すなわち原告が本件販売店契約を締結した趣旨に著しく反し、信頼関係を破壊したことにより、同契約を継続していくことが困難と認められるような事情が存在することが必要であるというべきである。

引用文が示すとおり、何をもって契約解除の正当な理由とするかという判断基準は、仮処分命令の場合と同じだ。継続的契約の場合、単に満期になったから契約解除が許されるわけではない。繰り返しになるが、店主が長期計画に基づいて販売店経営に投資しているからだ。また、新聞社も店主の人物評価を前提に契約を結んでいるからだ。

判決は継続的契約の性質を前提に、真村氏の経営手腕や言動を検証して、契約解除を有効と認めるに足りる事実があるかどうかを検証している。このような論理構成も仮処分命令の場合とまったく同じだ。

福岡地裁判決――問題となる努力不足の定義

まず、第一の検証対象は真村氏の営業成績と仕事に対する姿勢である。すでに述べたようにＹＣ広川の実配部数は、二〇〇一年八月の時点では一五二六部だったが、二〇〇八年七月には五五〇部に減少した。営業成績が著しく低下したことは、客観的な事実である。

しかし、この点について本裁判決は、真村氏に同情的な評価を下している。

前訴（第一次訴訟）が確定した平成一九年一二月までの広川店の成績不良については、被告ないし筑後読売会がセールススタッフの派遣等を拒否したことが相当大きく影響しており、原告の努力懈怠によるものと直ちに判断することはできない。

引用のとおり判決は、「平成一九年一二月まで（黒薮注：第一次訴訟が終わるまでの時期）の広川店の成績不良については」真村氏の「努力懈怠によるものと直ちに判断することはできない」と判断したのである。

しかし、第一次訴訟の終了後、読売の川本担当員がＹＣ広川の訪問を再開してから後の時期については、真村氏の努力不足を認定した。

判決は川本氏が「再三にわたって広川店を訪店し、セールススタッフの派遣を初めとする種々の協力」を申し入れて、「増紙に向けた前向きの取組を促しているにもかかわらず」真村氏がこれに応じなかったと述べている。

新聞社と販売店の契約には、「催告を要せず直ちに本契約を解除」できる条件として、「甲（読売）の示唆があるにもかかわらず販売成績、営業努力が認められないとき」という条項がある。裁判所は、この条項に第一次訴訟後の真村氏の姿勢が該当すると判断したのである。

ただ、真村氏のどのような姿勢を根拠にして努力不足と判断したのかについて具体的な記述は一行もない。たとえば何月何日にどこでどのように仕事を怠けたのかが記述されていれば、判決文にも説得力があるはずだが、実際は「原告に増紙に向けた前向きの取組を促しているにもかかわらず、原告は一切これに応じようとしていない」といった抽象的な表現にとどまっている。

読売新聞西部本社。第二次真村訴訟の舞台になった福岡地裁の向かいに位置している。

しかも、何を指して「前向き」と評価するのかもあいまいだ。極論すれば、担当員に対して自分の考えを述べれば、「前向きではない」という評価になるかも知れない。

ちなみに第一次訴訟が決着したのを受けて、読売の川本担当がＹＣ広川の訪問を再開する約一週間前の一月七日、ＹＣ広川の営業区域で、隣接するＹＣが「越境販売」を断行している。販売店の営業区域は、新聞特殊指定という規則の下で厳密に定められているので、他店の区域で営業活動を行うことは、禁じられている。

この「越境販売」があった時期は、二〇〇八年の仕事始めの日でもある。約二週間前に第一次訴訟が終わり、裁判から解放された真村氏が、ＹＣ広川の再建に乗り出そうとしていた時期だった。「越境販売」を行った隣接店は、第一次訴訟の原因を作った大物店主の弟が経営するＹＣである。そしてその一週間後に、この大物店主と極めて親密な関係にある川本担当がＹＣ広川を訪問したのである。真村氏にしてみれば、嫌がらせのように感じたに違いない。

しかし、裁判所はこのような事情に配慮することもなければ、具体的になにをもって努力不足と判断したのかを示すこともなく、真村氏の「努力不足」を改廃理由として認定したのである。

福岡地裁判決——新読売会の設立をめぐる事実誤認

第二の検証対象は、「別件訴訟の提起」である。これは真村氏が第一次訴訟の間、読売による補助金のカットや担当員による訪店の中止など、「飼い殺し」策によって被った営業上の損害に対する賠償を求めた裁判を提起したことを指す。請求額は約九〇〇〇万円だった。

読売はこの訴訟の被告に渡邉恒雄氏ら読売の取締役などが含まれていること、提訴に先立って真村氏が話し合いを申し入れなかったこと、それに訴状がウェブサイトに掲載（わたしがウェブサイト「マイニュースジャパン」に掲載した提訴記事に、訴状を資料として添付したもの）されたことなども改廃の正当な理由として主張した。

しかし、仮処分命令の判決と同様に、「別件訴訟の提起」を改廃の正当な理由としては認めなかった。裁判を起こす権利が認められていることを重視したのである。

第三の検証対象は新読売会の設立である。新読売会は真村氏ら「押し紙」を拒否したＹＣ店主らが、既存の読売会とは別に立ち上げた組織である。

既存の読売会はＹＣ店主の組織で、店主相互の親睦のほかに、新聞セールス団の派遣に関する業務を行っている。また、新聞拡販に使う景品を共同購入するための窓口になっている。

こうした実態を判決は、読売会の役割を読売が「購読者数増大に向けた様々な施策を採っていることを示すもの」と位置づけた上で、次のように真村氏を批判している。


そうである以上、同一地域内に、被告と関連する同一内容の組織を新たに設立すべき必要性は認められず、新組織の設立は、既存の被告と筑後読売会の関係をいたずらに混乱させ、両者の協力の下進めてきた施策の障害となるものといえる。


仮処分命令の判決では、新読売会の設立に参加した真村氏について「ＹＣ広川の新聞販売店たる地位及び債権者の経済的利益を維持するために取った手段」と評価（第二審の「決定」）し、改廃理由として認めなかった。ところが、本訴では逆の判断を下し、改廃理由として認定したのである。

真村氏が既存の読売会への「復帰に向けた積極的姿勢を一切示さず（このことは原告も自認

している）、かえって、被告への事前連絡なしに、筑後読売会に加入している販売店主三名を同会から脱会させて、新読売会を結成」したと認定し、それをもって改廃理由として認めたのである。

引用文にある三名の店主とは、弁護士を通じて偽装部数の受け入れを断ったＹＣ久留米文化センター前の平山春雄氏、ＹＣ大牟田中央の中島相互氏、それにＹＣ大牟田明治の野中彰夫氏のことである。

しかし、わたしが取材した限りでは、真村氏が三人の店主を既存の読売会から脱会させた事実はない。

三店主は偽装部数を断ったこともあって、読売からの「報復」を警戒していた。そこで弁護士のアドバイスを受けて、真村氏を含む四人で新読売会を立ち上げ、拡販業務などが円滑に進むように共同体制を採ろうとしたのである。従って真村氏が新読売会を立ち上げて、三人を既存の読売会から引き抜いたのではない。三人は真村氏と同様に新読売会の設立メンバーであり、自主的に既存の読売会を脱会したのである。裁判所は事実の把握を誤っている。

福岡地裁判決――黒薮執筆の記事の責任を真村が負う不思議

第四の検証対象は、真村氏が「メディア等を用いての被告攻撃」を行った点である。これは真村氏を取材してきたわたし自身に直接かかわる事柄である。実際、読売側の準備書面には、

「自称ジャーナリスト黒薮」という表現でわたしを名指しにした記述が複数みられる。

読売は、真村氏がわたしの取材に応じて、みずからの意見を述べたり、商取引に関する自店の情報を提供したことを改廃理由として主張してきたのである。

判決の該当箇所は、やや長くなるが言論の自由にかかわる問題を孕んでいるので、全体を紹介しよう。結論を先に言えば裁判所は、たとえ「押し紙」という重大問題があるとしても、真村氏が自店の取引先である読売を批判したことを問題視する判断を示したのである。

確かに、原告の主張するとおり、押し紙というような問題があるのであれば、それを世間に公表してはならないということはない。しかし、一方で、被告も、販売店を利用して、自社の新聞を販売する必要があるところ、かかる役割を担う販売店が公に被告の批判をするとなれば、被告発行の新聞の売上等を初めとして、被告の経営にも影響が懸念されるところである。

そうすると、原告等の販売店による被告の批判は、過度のものについては、販売店と被告（読売）の双方が利益を得られるように取引を継続していくという本件販売店契約の趣旨を害するものであるといわざるを得ない。

「過度のもの」が具体的にどの程度の批判を指しているのかは不明だが、「押し紙」という問題があるにしても、厳しい批判は慎むべきだと言っているに等しい。取引先企業の問題については、理不尽なものであってもある程度までは黙認して、内部告発すべきではないと述べているのだ。判決が言う「過度のもの」という表現が曖昧で、どうにでも解釈できるために、具体的に真村氏のどの行為を指して、「過度」の批判を超えていると認定しているのかはよく分からない。

ちなみに真村氏がわたしに提供した資料の九九％は、誰でも自由に裁判所で閲覧できる裁判の判決や準備書面、証拠などである。すでに公になっている資料で、読売の機密事項を暴くような性質のものではない。

だが、こうした事情には頓着せず、「相当性」という言葉を採用して、判決は次のように述べる。

したがって、原告の被告に対する批判は、これが一般に許されないわけではないものの、原告と被告の本件販売店契約の趣旨及び性質に鑑み、相当性を逸脱しない程度のものに限定されるというべきであって、その限度を超過すれば、本件販売店契約の趣旨に反するものとなると解される。

右記の記述を前提に判決は、突然、「黒薮の記事」の批判に移る。

これを本件について見るに、被告の指摘する黒薮の記事等では、別件提訴における原告の主張の他、被告が押し紙を販売店に押し付け、それが大きな問題となっていることや、被告の経営体制を批判している。そして、それをジャーナリストの黒薮が、記事として公開しているものであり、それが的確な取材に基づいて執筆されたものであるかのような印象を与えるということができる。

分かりにくい文章であるが、要するに「黒薮」が執筆した読売批判の記事は、「的確な取材に基づいて執筆されたものであるかのような印象を与える」が事実はそうではないと断定しているのだ。

この箇所にはさらに別の問題がある。

真村氏が「黒薮」にどのような内容の情報（資料）を提供し、それが読売に対する背信行為にあたるか否かという点を検証するのであれば、一応は論理が通っている。ところが判決の記述はそうではなくて、黒薮の書いた記事そのものを批判した上で、そのような記事内容になったのは、真村氏の責任だと認定しているのである。はなはだしい論理の飛躍である。

たとえばAさん、Bさん、Cさんがわたしの取材に応じたとする。後日、わたしが取材をもとに記事を書いた。その記事が名誉毀損で訴えられた。そして判決で、名誉毀損的な記事の原因を作ったのは、三人のうちのAさんであると認定されたに等しい構図である。

読売新聞に関する記事を執筆する過程で、わたしが取材したのは、真村氏だけではない。複数のYC店主をはじめ、弁護士、支援者にまで及ぶ。ところが真村氏だけが「悪者」にされたのである。

しかし、執筆した記事についての責任を負うのは、執筆者本人であって、取材に応じた人ではない。記述の内容を決めるのは、執筆者であるからだ。それにもかかわらず西井裁判長は、わたしが執筆した記事の責任が真村氏にあると認定したのである。論理が飛躍しているとしか言いようがない。

話を判決に戻そう。判決は次のように訴外の黒薮を批判した上で、強引にそれを真村氏の解任理由に結び付けている。

また、その内容（黒薮注：記事の内容）は、被告に対して過度に攻撃的かつ侮辱的なものも含まれるところ、これは、原告と被告の本件販売店契約の趣旨及び性質に鑑み、相当性を逸脱したものであるといわざるを得ない。

真村氏がしかじかの資料や情報を「黒薮」に提供したことが、「原告と被告の本件販売店契約の趣旨及び性質に鑑み、相当性を逸脱したものであったといわざるを得ない」というのであれば論理が通っている。しかし、判決は黒薮が書いた記事が「名誉毀損的」であるから、「真村は首だ」と言っているのだ。

しかし、具体的にわたしが執筆したどの記事に言及しているのかは述べていない。判決文の残りの箇所を引用してみよう。

さらに、そのような記事は、原告ないし原告代理人によって提供された情報や資料等に基づいて執筆されたことを窺わせるものも多数見られる上、黒薮は断続的にそのような記事の執筆を行っていることからすれば、原告や原告代理人も、上記のような記事の執筆に利用されることを認識、認容しながら情報や資料等の提供を行ったことが窺われるというべきである。

繰り返しになるが、判決は具体的にどの資料、あるいはどの記事を問題視しているのかを一切明らかにしていない。抽象論に終始しているのである。

わたしは念のために、西井判事に対して、書面で次のような問い合わせを行った。

わたしはフリーの立場で取材・執筆活動を展開している者です。

貴殿が下された判決（平成二一年ワ第一〇八三号）の五〇ページに訴外の立場にあるわたしについての次の記述があります。

これを本件について見るに、被告の指摘する黒薮の記事等では、別件提訴における原告の主張の他、被告が押し紙を販売店に押し付け、それが大きな問題となっていることや、被告の経営体制を批判している。そして、それをジャーナリストの黒薮が、記事として公開しているものであり、それが的確な取材に基づいて執筆されたものであるかのような印象を与えるということができる。

また、その内容は、被告に対して過度に攻撃的かつ侮辱的なものも含まれるところ、これは、原告と被告の本件販売店契約の趣旨及び性質に鑑み、相当性を逸脱したものであるといわざるを得ない。

引用文の中の記事とは、具体的にどの媒体にいつ掲載したものを指しているのでしょうか？　また「的確な取材に基づいて執筆されたものであるかのような印象を与える」という表現は、裏を返せばわたしが的確な取材をしていないという意味になると思いますが、何を根拠にこのような認定をされたのでしょうか。ジャーナリズムの立場からの裁判検証に反映させますので、今月中に返答いただくようにお願い申し上げます。

回答はなかった。結局、わたしが執筆したどの記事を理由として、西井裁判長が真村氏の解任を認定したのかは分からない。

福岡地裁判決——言葉の断片を捉えて真村の全人格を判断

第五の検証対象は、川本担当に対する真村氏の言動が正当な改廃理由に該当するか否かという点である。判決の中で、西井裁判長は真村氏による次のような言動を認定している。

「本当に、川本さんが今、想像しとる以上のこと（黒薮注：偽装部数を排除して折込チラシによる詐欺を無くすると同時に、環境を保全する運動を意味する）が、今後、活発化してくると思います。それの鍵を握っているのは、私かもしれない。ひょっとしたら。準備できて、どんどんどんどん、進んでいるんだ。一つだけ言うならば、ふふふ。言っていいかわからんけど。ＮＰＯ団体がいろいろありますよね。その団体が、もうすでに、七月には私に講演を依頼してきましたので。その団体が、ひょっとしたら、読売新聞の前で、デモ行進する可能性も出てくる。これは、私の意思ではありません」

ちなみにここで意味する団体とは、日本国民救援会のことである。日本国民救援会がＮＰＯ

団体か否かは知らないが、同会の福岡県本部は、販売店訴訟を支援していて、わたしの著書『「押し紙」という新聞のタブー』（宝島新書）も販売してくれた。偽装部数を重大問題として認識している。真村氏が話したことはすべて事実である。もちろん真村氏に講演を依頼したのも事実である。

判決は真村氏が過去に川本担当から改廃通告をされた事情などを考慮して「一時的に感情的になることも致し方ない面があった」として、一定の理解を示した上で、次のように真村氏を批判している。

しかしながら、川本（仮名）が、前訴の確定後に訪店を重ねる中で、再々にわたり、広川店の将来の営業方針の相談や、増紙に向けた支援について原告と建設的な話し合いを持とうとしていることが窺われるにもかかわらず、原告は、そもそも話し合いに応じる姿勢を示さず、川本の些細な言動を茶化したり、別件訴訟の提起を示唆して被告を脅したりするなどしている。被告の担当員は、各販売店を訪店して販売店主らと直接接し、販売店に対する被告のいわば窓口となり、営業方針の相談や増紙に向けた取組等の意見交換を行うのであり、同人と建設的な協議ができなければ、販売店と被告との協力関係を再構築することは不可能である。しかるに、上記川本が訪店した際の原告の一連の言動については、前記のような事情をある程度酌んでも、被告と協力関係を再構築し継続していかなければならない者のとるべき真摯な態度とは到底いえないことが明らかである。

裁判所は川本氏が提出した会話記録に基づいて、改廃の正当性を認定したわけだが、次の点を特筆しておかなければならない。会話記録の前提として録音する行為があるわけだから、まず、録音機を隠し持った本人はみずからの言動には極めて注意深くなっているはずだ。自分を「紳士」として印象づけようとする意思が働くことは言うまでもない。

逆に録音対象となる人物に対しては「ならずもの」の印象を植え付けようとする。そのためには相手の神経を逆撫ぜして暴言を引き出せばいい。ある意味では恣意的なイメージを作りやすい。

裁判所もこのような一般原理を知っているのか、秘密録音された会話がかならずしも証拠として採用されるとは限らない。ところが真村氏の裁判では、それが証拠として採用され、会話記録が改廃理由として認定されたのだ。

ちなみに真村氏が読売に対する約九〇〇〇万円の損害賠償を請求して起こした裁判は、地位保全裁判に統合された。二つの真村訴訟は、ひとつの裁判として進められるようになったのである。

二つの訴えのうち福岡地裁は、損倍賠償については、八七〇万円の請求を認めた。「飼い殺し」で被った被害を考慮すると、あまりにも少額だった。

福岡高裁判決――木村裁判長が再び真村裁判に登場

福岡地裁で敗訴した真村氏は、福岡高裁へ控訴した。控訴審（第二審）の判決を下したのは、仮処分申立事件の異議審で真村氏を完全勝訴させる決定を下した木村元昭判事だった。当然、真村氏は木村裁判長が仮処分申立事件と同じ判断を下すものと考えていた。「決定」と「判決」の内容に一貫性がなければ、木村判事が自己矛盾に陥ってしまうからだ。

しかし、結論を先に言えば、二〇一二年五月二五日に下された福岡高裁判決で、木村裁判長はかつて仮処分申立事件（第二審）で自らが下した決定とは大きく異なる判断を示したのである。さらに驚くべきことに判決内容は、二〇〇七年六月に真村氏を完全勝訴させた第一次訴訟の福岡高裁判決（同年一二月に最高裁で判決が確定）をも否定するものだった。

判決の詳細を紹介する前に木村判事の異動歴にふれておこう。判事の人事権を握る最高裁は、木村判事をどのように異動させたのだろうか。

木村判事が真村氏を完全勝訴させる仮処分事件の第二審「決定」を下したのは、二〇一〇年一月一五日である。その二週間後の二月一日に、木村判事は那覇地裁の所長として沖縄へ赴任した。那覇地裁には二〇一一年九月二三日までの約一年半在籍する。

その後、二〇一一年九月二四日付けで福岡高裁の部総括判事に就任するために福岡へ戻った。

一方、真村氏はこの年の三月一五日に第二次訴訟の地裁判決（本訴）で敗訴した。そこで福岡高裁に控訴する。ところが高裁では、控訴審の当初から裁判長の交代が予告されていたという。事実、秋になって交代が行われた。

真村裁判の新しい裁判長に就任したのは沖縄から福岡へ戻って部総括判事になったばかりの木村元昭判事だった。わたしは木村判事が裁判長に就いたことで、真村氏の逆転勝訴を確信した。本章でも紹介したように、仮処分申立事件の第二審で木村判事が真村氏を完全勝訴させる「決定」を下していたからだ。

ところが二〇一二年五月二五日に下された福岡高裁判決は、わたしの予想とはまったく異なった内容だった。真村氏の地位を保全しなかっただけではなく、地裁では敗訴しながらも認められた約八七〇万円の損害賠償金の支払いすらも必要なしと判断したのである。読売にとっては願ってもない判決だった。

同じ判事が同じ事件で下した「決定」と「判決」がまるで正反対の内容になっているというのも奇妙な話である。大きな相違が生じた理由を判決の中で丁寧に説明していればまだしも納得できるかも知れないが、実際は判断を変えるに至ったプロセスと理由は判決文からはまったく読み取れない。そのために結論だけが先走りしているような印象を受ける。

具体的にどのように判断が変わったのかを検証してみよう。

福岡高裁判決——木村裁判長の自己矛盾

真村氏の営業成績が悪かったことは、すでに述べた通りである。真村氏自身もそれを認めている。読売はそれを改廃理由のひとつにしてきた。

木村裁判長はこの点について、自らが下した仮処分命令申立事件の第二審「決定」で、次のように記している。

債権者（真村）は、平成一三年一二月七日から平成二〇年一月一五日ころまでの間は、債務者（読売）から、増紙業務は不要であるとされた上、筑後読売会への活動には不参画とされたため、同会を通じたセールス会社への新規購読者勧誘業務の委託、拡材の共同購入、野球教室等のイベント開催等の組織的な増紙活動を行えなくなったほか、債務者担当員の訪店を受けられない、各種イベントチケット等の特別景品の注文は可能な限り辞退しなければならないとの取扱いを受けていた。

（略）債務者（読売）は、平成二〇年一月一五日以降は、債務者担当員の債権者に対する訪店を再開し、増紙業務を依頼するとした上で、セールス会社への新規購読者勧誘業務の委託、筑後読売会の活動への参画等について協力する姿勢を示しているが、前訴（第一次訴訟）において、債務者（読売）の敗訴が確定した以上、債務者自身がそれまで前記一(四)ウのような措置（黒薮注：「死に店」扱い、あるいは「飼殺し」などを意味する）を取っていたことからすれば、判決の趣旨に則し、それまでの債権者の不利益及び販売成績を回復させるために、債務者（読売）主導によるセールススタッフの派遣、補助金の増額など、より積極的・具体的な支援を行う必要があったというべきであるところ、そのような支援は何ら行われていない。

（略）以上のとおり、債務者自身が、平成一三年一二月七日から平成二〇年一月一五日ころまでの間、債権者に対し、増紙業務は不要であるとした上で、通常であれば新聞販売店が販売活動を行う上で利用できる各種手段を利用できないといった措置を取り、また、それ以降も、上記措置を撤回しただけで、何ら積極的・具体的な支援は行っていなかったのであって、上記のような債務者の対応が前記ＹＣ広川の業績悪化・成績不良の主要な原因となっていたことは明らかというべきである。

引用部分の重要点をまとめると次のような趣旨になる。

1、真村氏は店主の組織である筑後読売会へ参画させてもらえなかった。同会は新聞拡販に関する業務の一部を代行しているために、真村氏はセールス団を依頼する等の業務に支障をきたした。

2、前訴が進行していた間、「死に店」扱いなどで真村氏が被った被害を回復させるために、読売はセールス団の派遣や補助金の増額など、「より積極的・具体的な支援を行う必要があった」が、実際には、支援は何ら行われていない。

3、読売は増紙業務を不要としていた。また、「新聞販売店が販売活動を行う上で利用できる各種手段を利用できないといった措置」を取っていた。

4、「1」から「3」のような実態が、「YC広川の業績悪化・成績不良の主要な原因となっていたことは明らか」である。従って成績不良は、真村氏を改廃する理由にはならない。

ところが高裁判決で木村裁判長は、自らが下した仮処分事件の第二審「決定」をことごとく否定する判決を下したのである。同じ判事が書いた判決であるとは、にわかに信じがたい。

たとえば「死に店」扱いに関する見解の変更である。YC広川に対して「死に店」扱が行われていた事実は、第一次裁判の判決でも確定している上に、木村裁判長自身も仮処分事件の第二審の「決定」で、「死に店」扱いを成績不良の一因として認定した。ところが高裁判決では、「死に店」扱いが行われていたことを読売側も認めていることを記した上で、次のように読売を弁解し、真村氏を批判している。

しかしながら、控訴人（真村）自身、平成一四年一月以降、取引関係で顕著な差異が生じたのは、筑後読売会への参加ができなくなったことくらいである旨供述している上、川本（黒薮注：担当員）は、その後も平成一四年七月ころまで、YC広川店への訪店を継続し、同年四月ころには、増紙業務に関連して顧客らに配布する野球チケットを持参し、その後も、平成一五年四月には、控訴人（真村）に対し、業務報告書の提出、営業結果の報告を求めるなどしており（控訴人もこれに応じて業務報告書を提出しており、提出義務があることを認識していたと解される）、控訴人に対して、販売拡張活動を行うよう促していたといえる。また、被控訴人は、控訴人に対し、新聞の供給を継続するのみならず、各種の補助金も交付しており、控訴人に対し、上記のとおり申し渡したような合売店としての取扱い（黒薮注：新聞社の側から新聞拡販の要請をしないの意味らしい）をしていない。

（略）控訴人（真村）も、平成一四年三月まで、筑後読売会に会費を支払っており、同年四月ころからは、控訴人が筑後読売会の活動に参加していなかったことは争いがないものの、川本メモ（黒薮：「死に店」扱いなどを通告したメモ）を交付された平成一三年一二月ころから、直ちに控訴人が筑後読売会の活動に参画できなくなっていたとも考えにくく、筑後読売会への不参加が、被控訴人の死に店扱いによるものであるとも断じ難い（そもそも、筑後読売会の活動に参画できなかったことが、拡材の購入、セールススタッフの派遣や補助金の交付等の販売拡張活動にさほどの影響を与えるものでないことは、後述のとおりである）。

（略）なお、被控訴人は、平成二〇年二月八日付けの書面により、控訴人に対し、川本メモの「増紙業務お願いしない」との点は撤回する旨通知しているが、上記のとおり、被控訴人（読売）は、控訴人（真村）に対する増紙業務の依頼をしない等記載した川本メモを交付しているものの、現実には、補助金の支払いもされ、イベントチケットの配布にも協力をしている。そうすると、「増紙業務お願いしない」との点を撤回する旨の上記通知も、前訴判決が確定しながら、控訴人と被控訴人との関係が改善されず、控訴人が増紙業務をしようとしないことから、被控訴人の立場を明らかにすることを示したものと解することが相当である。

以上によれば、控訴人（真村）に対し、合売店のように、増紙業務が要求されない「死に店扱い」がされていたとは到底考えられない。

引用箇所の重要点をまとめると次のようになる。

1、「死に店」扱いはなされていなかった。販売拡張活動を行うように促していた。

2、読売は補助金も支給していた。

3、筑後読売会への不参画が「販売拡張活動にさほどの影響を与えるものでない」。

「1」から「3」を根拠に、営業不振の原因が真村氏の自己責任にあるとして、読売によるYC広川の強制改廃を正当と認めたのである。改めて言うまでもなく、木村裁判長は自ら下した仮処分事件の第二審の「決定」を、高裁判決でことごとく否定したのである。真村氏の営業不振の原因について「決定」では、「死に店」扱いなど読売の差別的な販売政策にあると判断したのに対して、「判決」では、「死に店」扱いそのものがなかった上に、筑後読売会への不参画が販売拡張活動にさほど影響していないとまで断言したのである。

福岡高裁判決――取材を受けた者が断罪される異常

次に読売が強制改廃の理由としてあげた真村氏の「読売敵視の行動」について検証してみよう。具体的には、「黒薮への協力」、「新読売会の設立」、それに真村氏による「別件訴訟の提起」である。これらの項目の中身については、既に述べた通りだが、手短に復習しておこう。

1、「黒薮への協力」：真村氏がわたしの取材に応じて、関係資料を提供したこと。

2、「新読売会の設立」：真村氏ら複数の店主らが共同で、新しい読売会を立ち上げたこと。

3、「別件訴訟の提起」：第一次裁判の判決が最高裁で確定したのを受けて、係争中に、読売による「死に店」扱いなどによって受けた損害の賠償を求める裁判を起こしたこと。請求額は、約九〇〇〇万円。

仮処分申立事件の第二審に木村裁判長が下した「決定」は、「ＹＣ広川の新聞販売店たる地位及び債権者（真村）の経済的利益を維持するために取った手段」と評価し、読売の主張するような「読売敵視」の行動とは評価せず、改廃理由として認めていなかった。

ところが高裁判決では、「１」についての見解が、別人の判断のように大きく変わっている。この部分の判決を引用してみよう。

被控訴人（読売）の指摘する黒薮の記事等には、別件訴訟における控訴人（真村）の主張のほか、被控訴人が、販売店に押し紙を押し付け、それが大きな問題となっていることなどが記載されているが、押し紙の事実を認めるに足りる証拠はなく、控訴人及び黒薮において、押し紙の存在が真実であると信じるにつき正当な理由があると認めるに足りる証拠もない（かえって、控訴人は、平成一三年には、現実には読者が存在しない二六区という架空の配達区域を設けていたところ、これを披控訴人も了解していたと認めるに足りる証拠はない）。そうすると、控訴人（真村）において、被控訴人（読売）による違法不当な行為の存在を指摘することが容認される場合があるとしても、本件は、これに当たらないというべきである。

そして、控訴人（真村）や控訴人代理人（江上武幸弁護士ら）が、上記のような記事の執筆に利用されることを認識、容認しながら、黒薮の取材に応じ、情報や資料の提供を行ったことは明白であり、控訴人（真村）は、少なくとも、黒薮の上記記事等の掲載を幇助したというべきであるから、たとえ控訴人（真村）自身が、押し紙等の批判をウェブサイト等を通じて行ったものではないとしても、その情報や資料の提供自体が、被控訴人の名誉又は信用を害するものというべきであり、本件販売店契約の更新拒絶における正当理由の一事情として考慮し得る。

仮処分中立事件の第二審「決定」とは、内容が大きく異なっている。ここには公文書に求められる論理の一貫性は存在しない。かりに仮処分事件の「決定」で、木村裁判官が真村氏の地位を保全していなければ、論理の矛盾も生じなかった。世の中にはさまざまな物の見方があると達観すれば、一応は納得できる。だが、実際には最初は「白」といっておきながら、後には「黒」と判断しているわけだから訳が分からない。判断を変更した理由を記録しない限り、文書そのものの信頼性だけではなく、執筆者の人間性まで疑われかねなくなる。

改めて言うまでなく、真村氏がわたしの取材に応じ、資料を提供したことを裁判所が改廃理由として認定したことは、今後、言論界に大きな影響を及ぼしかねない。取材に応じただけで責任を問われかねないとなれば、こころよく取材に応じてくれる者がいなくなり、ジャーナリズム活動そのものが支障をきたす恐れがある。

福岡高裁判決——制裁金の取り消し

話は前後するが、二〇〇八年一一月に福岡地裁が読売に対してYC広川に新聞の供給を再開するように仮処分命令（第一審）を下した際に、読売がそれに従わなかった経緯がある。そこで裁判所は読売に対して真村氏へ、一日三万円の間接強制金（制裁金）を支払うように命じた（このような行為を保全執行という）。その累積額は、現在までに約三六〇〇万円に達している。

既に述べたように本訴の判決は、仮処分命令の「決定」よりも優先する。従って読売は福岡地裁で勝訴した後、同裁判所に対して「決定」の取消を求める申し立てを申請した。「決定」を無効にすることで、真村氏に対する間接強制金の支払い中止と、すでに払った金額を返済させることをもくろんだようだ。

しかし、これについて福岡地裁は認めない判断を示した。

ところが第二次真村裁判の福岡高裁判決で勝訴したことで、再び「決定」の取り消しを求める申し立てを福岡高裁へ行った。これに対して福岡高裁は、きわめて迅速に対応した。

判決から一〇日後の六月四日、裁判所は読売が一〇〇万円を裁判所に担保することを条件に仮に保全執行の停止を早々と認めた。通常は審尋を経た後に決定を下すものだが、一〇〇万円を裁判所に担保することを条件にして、仮に読売の申し立てを認めてしまったのだ。

これら一連のプロセスを担当したのは、本訴で真村氏を敗訴させた当事者である木村判事だった。公平性という観点からすれば、高裁判決で真村氏を敗訴させた判事が担当になったこと自体にも問題がある。

六月二五日、木村判事は公式に読売の申し立てを受けて、保全執行（制裁金の支払い）を停止する決定を下した。これを受けて、読売は、真村氏に対して制裁金の返済を求める新たな訴訟を起こした。制裁金を生活費などにあてていたわけだから、返済は大きな負担になる。しかし、これまでの判例からすれば、読売の要求が認められる可能性が極めて高い。

さらに読売は、七月六日に真村氏の自宅を仮に差し押さえる申し立てを行った。中立書の記述から察すると、読売は真村氏の財産や不動産を根掘り葉掘り調査したようだ。読売の代理人弁護士の欄には、自由人権協会代表理事の喜田村洋一弁護士ら五名の名前が記されている。

これは見過ごすことができない事態である。そもそも裁判所が読売に制裁金の支払いを命じたのは、仮処分申立事件で真村氏の地位が保全されたにもかかわらず、ＹＣ広川に新聞を供給しなかったからだ。そのために真村氏が営業を再開できなかったので、読売が命令に従うまでの間、裁判所は保全執行（制裁金の支払い命令）に踏み切ったのである。

言葉を換えれば、読売が裁判所の命令に従っていれば、真村氏は制裁金の支払いを受けるまでもなく、販売店経営により生活費を得られたのである。

収入印紙 2,000円

不動産仮差押命令申立書

2012（平成24）年7月6日

福岡地方裁判所　御中

債権者代理人弁護士

弁護士　喜田村　洋

同　近藤　真

同　堀　哲郎

同　住野　武史

同　塩飽　梨

当事者の表示　別紙当事者目録記載のとおり

請求債権の表示　別紙請求債権目録のとおり

申立ての趣旨

債権者の債務者に対する上記請求債権の執行を保全するため、別紙物件目録1及び2記載の債務者所有の不動産は、仮に差し押さえる

との判決を求める。

福岡地方裁判所 受(民)付 24.7.-6

申立ての理由

第1　はじめに

－1－

郵券 2390円
印紙 2000円

真村氏に対する不動産仮差押命令申立書。五名の弁護士が名前を連ねている。

それにもかかわらず本訴で敗訴したことで、これまで受け取ってきた制裁金の返済を求められているのだ。

わたしは制裁金の返済制度そのものが理不尽だと思う。本訴で逆転勝訴した場合、制裁金の返済が認められるのであれば、経済力があるものは、裁判所の決定に従わない代わりに制裁金を支払う選択肢があることになるからだ。

一〇年以上に渡って続いている真村裁判。その全容を検証するとき、単に新聞の商取引の闇だけではなく、裁判制度の欠点や店主に対する人権侵害の問題も浮上してくるのである。

7章　偽装部数問題の報道に対する言論弾圧

偽装部数は新聞社がかかえる最大の恥部である。おそらく新聞社の幹部も偽装部数が社会的な大問題であることを自覚している。しかし、それを改めようとはしない。偽装部数にメスを入れると収入が大幅に激減して大規模なリストラを迫られ、場合によっては倒産の危機に陥るからだ。

ごく単純なシミュレーションになるが、たとえば発行部数が一〇〇万部で偽装部数が三〇万部、新聞の卸原価が二〇〇〇円（月額）の新聞社を想定してみる。この場合、偽装部数による一年間の収益は七二億円である。偽装部数を買い取らせるために、その五〇％にあたる額を販売店に対する補助金として支出しているとしても、残金の三六億円が収益になる。偽装部数を排除した場合、この収益が消える。これに加えて、ＡＢＣ部数が減るわけだから、紙面広告の媒体価値も減じる。

さらに別の問題が浮上してくるリスクもある。部数を水増ししてきたわけだから、それをいきなり正常な部数に戻すと、広告主が過去の偽装部数に気づき、最悪の場合は損害賠償を求められかねない。

このような事情があるので、新聞社は偽装部数問題に抜本的なメスを入れない。その結果、この問題は新聞業界で最大のタブーと化していったのである。

しかも、新聞社の関係者だけではなくて、新聞を媒体として活動する大学教授や評論家、それにジャーナリストなどの文化人も「押し紙」問題を避ける傾向がある。重大な社会問題であるにもかかわらず、あえてふれない。みずからの原稿を発表する「舞台」を失うリスクがあるからだ。

かりに偽装部数の実態を暴露すれば、新聞社からどのような攻撃を受けるのだろうか。わたしは身をもって、偽装部数報道のリアクションを体験した当事者である。

虚偽の事実を前提に著作権裁判を提起

二〇〇八年二月から、わずか一年半の間に読売新聞社はわたしに対して三件の裁判を仕掛けてきた。請求された賠償金の額は、約八〇〇〇万円にも上った。これら一連の裁判について、わたしの弁護団は、読売による「一連一体」の言論弾圧と位置付けた。いわゆるＳＬＡＰＰ

（スラップ）として認識したのである。

SLAPPとは、スラップ・インフォメーション・センターによると、次のような定義に当てはまる行為を指す。

公に意見を表明したり、請願・陳情や提訴を起こしたり、政府・自治体の対応を求めて動いたりした人々を黙らせ、威圧し、苦痛を与えることを目的として起こされる報復的な民事訴訟のこと。

読売が次々と三件の裁判を提起したのに対抗して、わたしは弁護団の支援を得て読売の裁判戦略はSLAPPに該当するとの見地から、損害賠償訴訟を起こした。さらに読売の喜田村洋一弁護士に対する懲戒請求を申し立てた。申し立ての理由については後述する。

喜田村弁護士は、自由人権協会の代表理事で、真村裁判でも読売の代理人を務めてきた。わたしは人権擁護団体の幹部が、読売の代理人を務めていることに違和感を抱いていた。その喜田村弁護士が、今度はわたしの係争に登場したのである。

しかし、これらの詳細に立ち入る前に、「前史」にあたる部分を記述しておかなければならない。「前史」とは、第一次真村裁判の勝訴と、それを機に始まった偽装部数の受け入れを拒否するYC店主らの動きである。

著作権裁判――前史としての真村事件

すでに述べたように、二〇〇一年、真村氏は自らが経営するＹＣ広川の営業区域の一部返上を読売から求められた。それを拒否したところ、強制改廃を突き付けられたので、地位保全裁判を起こした。そして二〇〇七年一二月に最高裁で勝訴が確定する。

しかし、それよりも前の時期、読売による優越的地位の濫用を認定した福岡高裁判決が下ったころから、福岡県の筑後地区では、偽装部数の受け入れを断るＹＣ店主が現れてきた。まず、ＹＣ大牟田明治とＹＣ大牟田中央が弁護士を通じて偽装部数を排除した。続いて、ＹＣ久留米文化センター前も偽装部数の排除に成功した。これら三店には、約四〇％から五〇％の残紙があった。

このような状況の下で読売は焦ったのか、偽装部数問題を暴露していたわたしに攻撃の矛先を向けてきた。

読売がわたしに対して起した最初の裁判は、江崎徹志・読売西部本社法務室長が、真村氏に送ったメールが引き金になっている。

福岡高裁で真村氏に敗訴した読売は、最高裁に上告したものの、実質的には敗訴を受け容れたらしく、「敗戦処理」の方向で動きはじめていた。その最初のステップとして、江崎氏はＹＣ広川に対する担当員による訪問再開を申し入れた。

しかし、真村氏は読売に対する不信感を募らせていた。そこで真村氏の代理人・江上武幸弁護士が、内容証明のかたちで江崎氏に真意を確かめた。すると江崎氏から、江上弁護士宛てに次のファックスが送付されたのである。

前略

読売新聞西部本社法務室長の江崎徹志です。

二〇〇七年（平成一九年）一二月一七日付け内容証明郵便の件で、訪店について回答いたします。

当社販売局として、通常の訪店です。

以上、ご連絡申し上げます。よろしくお願いいたします。

わたしはこの回答書を真村氏から入手して、自分のインターネット・サイト「新聞販売黒書」に掲載した。長年に及んだ係争に解決の兆しが見えたことを率直に喜んで採った処置だった。

ところがまったく想定しないことが起こった。江崎氏がEメールで回答書の削除を求めるための催告書を送付してきたのである。全文を引用してみよう。

冠省　貴殿が主宰するサイト「新聞販売黒書」に二〇〇七年一二月二一日付けでアップ

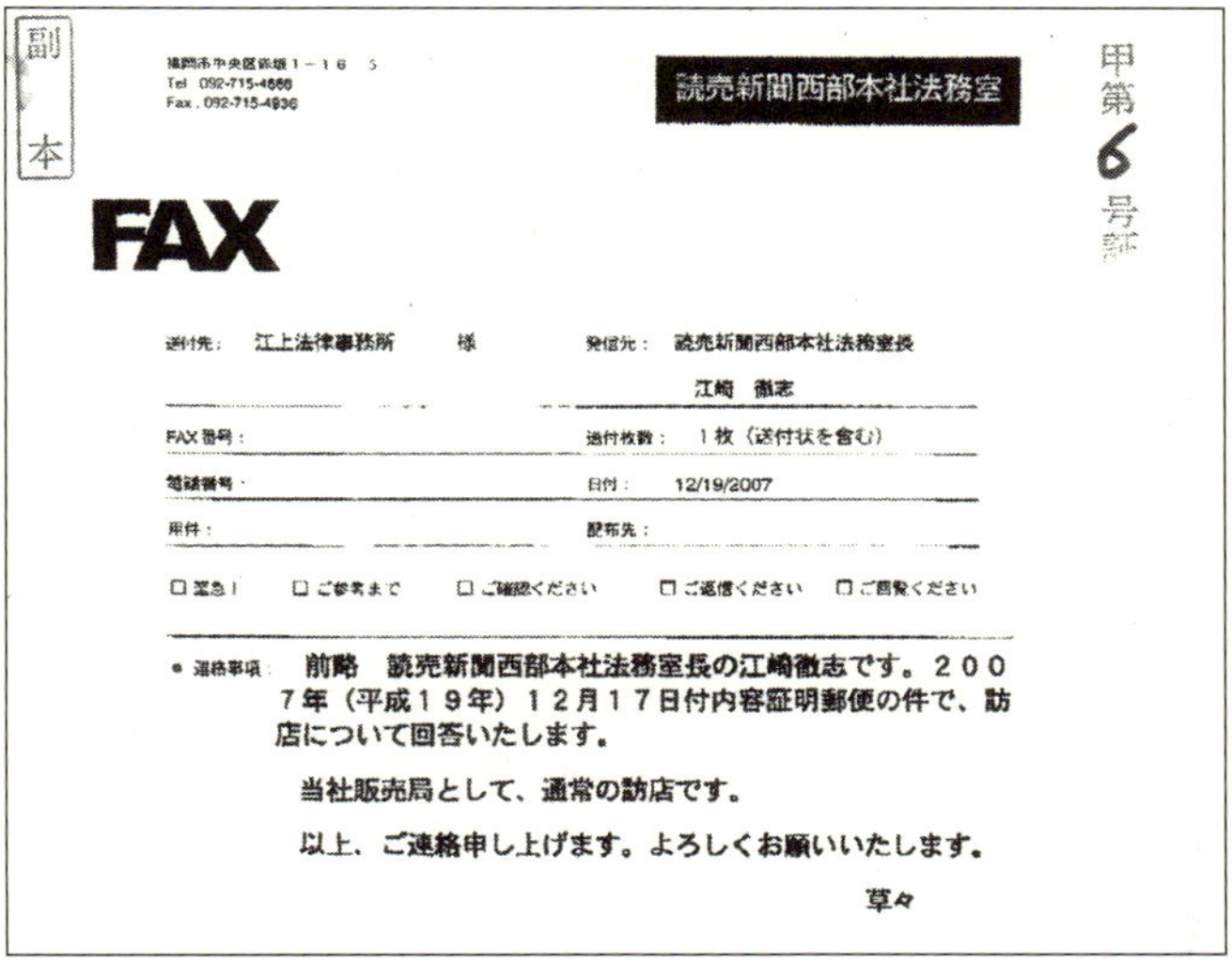
副本

福岡市中央区赤坂１−１６ ５
Tel 092-715-4666
Fax . 092-715-4936

読売新聞西部本社法務室

甲第６号証

FAX

送付先：　江上法律事務所　　様　　発信元：　読売新聞西部本社法務室長
江崎　徹志

FAX番号：　　送付枚数：　１枚（送付状を含む）

電話番号：　　日付：　12/19/2007

用件：　　配布先：

□至急！　□ご参考まで　□ご確認ください　□ご返信ください　□ご回覧ください

●連絡事項：　前略　読売新聞西部本社法務室長の江崎徹志です。２００７年（平成１９年）１２月１７日付内容証明郵便の件で、訪店について回答いたします。

当社販売局として、通常の訪店です。

以上、ご連絡申し上げます。よろしくお願いいたします。

草々

江崎氏が江上弁護士に送った文書。著作権裁判の引き金となった。

された「読売がＹＣ広川の訪店を再開」と題する記事には、真村氏の代理人である江上武幸弁護士に対する私の回答書の本文が全文掲載されています。

しかし、上記の回答書は特定の個人に宛てたものであり、未公表の著作物ですので、これを公表する権利は、著作者である私が専有しています（著作権法一八条一項）。

貴殿が、この回答書を上記サイトにアップしてその内容を公表したことは、私が上記回答書について有する公表権を侵害する行為であり、民事上も刑事上も違法な行為です。

そして、このような違法行為に対して、著作権者である私は、差止請求権を有しています（同法一一二条一項）ので、貴殿に

甲第3号証

催　告　書

黒薮　哲哉　殿

冠省　貴殿が主宰するサイト「新聞販売黒書」に２００７年１２月２１日付けでアップされた「読売がＹＣ広川の訪店を再開」と題する記事には、真村氏の代理人である江上武幸弁護士に対する私の回答書の本文が全文掲載されています。

しかし、上記の回答書は特定の個人に宛てたものであり、未公表の著作物ですので、これを公表する権利は、著作者である私が専有しています（著作権法１８条１項）。

貴殿が、この回答書を上記サイトにアップしてその内容を公表したことは、私が上記回答書について有する公表権を侵害する行為であり、民事上も刑事上も違法な行為です。

そして、このような違法行為に対して、著作権者である私は、差止請求権を有しています（同法１１２条１項）ので、貴殿に対し、本書面到達日３日以内に上記記事から私の回答を削除するよう催告します。

裁判の争点になった催告書。

対し、本書面到達日三日以内に上記記事から私の回答を削除するように催告します。
貴殿がこの催告に従わない場合は、相応の法的手段を探ることとなりますので、この旨を付言します。

削除を求める理由を要約すると、「新聞販売黒書」に掲載した回答書は江崎氏自身の著作物であるので、わたしには公表権がないから削除しろというものだった。しかも、削除に応じなければ、刑事事件として処理することも辞さない旨を通告していた。

わたしは違和感を抱いた。催告の内容そのものが支離滅裂だった。著作権法でいう著作物とは、次の定義を満たさなければならないからだ。

思想又は感情を創造的に表現したものであって、文芸、学術、美術又は音楽の範囲に属するものをいう。

江崎氏の回答書は、著作物の定義には当てはまらない。それが常識的な解釈である。かりに法がどうにでも拡大解釈できるのであれば話は別だが、一般論からすれば、江崎氏の回答書は著作物ではない。

わたしは江崎氏が著作権法を誤って解釈しているのではないかと思った。しかし、著作権法をよく知らない人物に新聞社の法務室長が務まるはずがなかった。と、すれば何を意図して奇妙な内容の催告書を送付したのだろうか。

わたしは最終的に催告書を怪文書と判断した。まったく著作物の余地がない回答書を著作物であると強弁して、それをサイトから削除しなければ、刑事告訴も辞さないと宣言しているわけだから奇怪な印象を受けた。

最終的にわたしが取った処置は、メディア関係者の間ではありふれたものだった。回答書に続いて、今度は催告書を「新聞販売黒書」に掲載したのだ。テレビ局や新聞社が自社に送りつけられた怪文書を、自社メディアで公表することがあるが、わたしも催告書の形をした「怪文書」をそのまま公表することで再発防止策としたのである。

これに対して江崎法務室長は、東京地裁へ催告書の削除を求める仮処分を申し立てた。しかし、不思議なことにそもそもの発端である回答書の削除については、求めてこなかった。催告書のみの削除を求めたのである。

催告書の削除を求めた理由は、回答書の削除を求めた時と同様に、催告書が自分の著作物であるからだというものだった。

仮処分命令申立事件の審尋が行われる日、わたしは代理人弁護士を立てずに自分で東京地裁へ足を運んだ。この時、江崎氏の代理人として東京地裁に現れたのが喜田村洋一弁護士だった。

審尋から数日後に、仮処分命令申立に対する判決が下った。江崎氏の勝訴だった。驚いたことに判決は、主文として「債務者は、URLを『http://www.geocities.jp/shinbunhanbai/』とするインターネットウェブサイトから、別紙の文章を削除せよ」と記されているだけで、判決理由は書かれていなかった。判決理由が記されていないわけだから、これは奇妙な「決定」だと言わなければならない。

仮処分命令で訴えられた側が敗訴した場合、抗告するか本訴で争うことができる。そこでわたしは本訴を選択した。こうして二〇〇八年の二月に、江崎法務室長を原告に、わたしを被告とする著作権裁判が始まったのである。

ちなみに提訴の二週間後にも、わたしは読売から別の裁判を起こされることになるのだが、これについては後述する。

幸いに江上弁護士らが弁護団を作って裁判を全面的に支援してくれた。法廷が開かれるたびに、福岡から弁護団が上京した。また、東京の大西啓文弁護士も弁護団に加わってくれた。

裁判は早いテンポで進んで一年後には結審した。裁判の中心的な争点は、催告書が著作物に該当するかどうかという点だった。著作物であれば、第三者が「著作者」である江崎氏の承諾を得ずに公開することは違法行為にあたる。従ってサイトから催告書を削除しなければならない。

なお、江崎氏は回答書については、本訴でも削除を要求してこなかった。従って催告書が著作物であるか否かが争点になったのである。

繰り返しになるが、著作権法でいう著作物とは、「思想又は感情を創造的に表現したものであって、文芸、学術、美術又は音楽の範囲に属する」ものである。文書類のすべてが著作物に該当するわけではない。書かれたものをすべて著作物に認定してしまうと、メモ程度の文書でもあっても、それをコピーしたり、真似たりすれば著作権法違反ということになり、メモを取るにも制限が出来てしまうからだ。

著作権裁判――主観と実在の混同

改めて言うまでもなく喜田村弁護士と江崎氏は、法廷でも催告書が著作物だと主張した。催告書の奇妙な内容そのものにはふれずに、文書そのものが著作物であるという強弁を繰り返したのである。

たとえば二〇〇九年一月二八日に行われた本人尋問で、江崎氏は催告書が著作物であると考える理由を、被告（黒薮）側の市橋康浩弁護士に質問されて、次のように説明している。尋問を引用してみよう。

市橋弁護士：本件の催告書なんですが、この文章の中で、あなたが自分で考えられたというふうな部分、創作性、著作物性があると思われた部分というのはどこなんですか。

江崎：全体を、こういう文章を作ろうといって私が考えて作ったんで、それで創作性があると思います。

弁護士：全体がそうだということですか。

江崎：全体として私が考えたというふうに思います。

弁護士：具体的に、この部分のこの表現に著作物性あるいは創作性があるというふうには考えてはいらっしゃらないということですか。

江崎：全体として私が考えました。私が全体としてこれを作りました。

弁護士：どこがということはおっしゃれないというふうに聞いていいですか。

江崎：具体的にですか、どこが創作性と言われれば全体としか言いようがありません。

尋問調書が示すように、江崎氏は創作性があると「思うこと」と創作性が「実在すること」を混同している。「思うこと」と客観的に「実在すること」は別だ。たとえば癌に侵されていると「思うこと」が、必ずしも癌が客観的に「実在すること」を意味しないのと同じだ。検査してはじめて実在か否かが分かるのだ。両者を混同すると、詭弁が幅を利かせてしまう。

当然、催告書が著作物であると主張するのであれば、「創作性」が実在する箇所を特定して提示しなければならない。それが論理的に物ごとを考えるプロセスである。

被告のわたしとしては、具体的に催告書のどこに創造性があるのかが示されない限り、納得できなかった。

江崎氏の代理人・喜田村弁護士も「思うこと」と「実在すること」を混同した内容の準備書面を提出してきた。たとえば二〇〇八年四月一四日付けのものを紹介しよう。

著作物は、「思想又は感情を創造的に表現したものであって、文芸、学術、美術又は音楽の範囲に属するものをいう」（著作権法二条一項一号）と定義されている。

このうち「思想又は感情［の］表現」との要件については、本件「催告書」の内容が被告による原告の「回答書」無断掲載が違法であることを論じ、救済を求めたものであるから、これを満たすことが明らかである。

次に、「創作［性］」との要件については、原告は、上記のとおり、本件「催告書」の執筆にあたり、回答書の著作者を（黒藪注：だれにするかを）検討すると共に、無断掲載に対する救済として何を選択するかについて判断を経た上で、これを作成したものであり、本件「催告書」が、誰が作成してもその表現形式及び表現内容が同じものになるような「ありふれた表現」でないことは明らかである。

引用した記述を読む限り、頭の中でなにかを考察すれば、文章上にそれが自動的に、しかも創造的に反映されると主張しているに等しい。しかし、そんな超人的な能力は、天才は別として、普通の人には備わっていない。いくら思考を巡らせても、それを的確で創造的な文章に

「翻訳」できないから苦労するのだ。「思考＝創造的な文章表現」ではない。

判決は二〇〇九年三月に言い渡された。結果は、わたしの勝訴だった。しかも、単にわたしが勝訴したというだけではなくて、江崎氏と喜田村弁護士にとって予想外に手痛い判決内容になったのだ。

江崎氏は、「自分で執筆した催告書をわたしが無断で『新聞販売黒書』に掲載したことが著作権法の侵害にあたる」として裁判を提起したのだった。

ところが、裁判所は催告書の作成者そのものが江崎氏ではなくて、喜田村弁護士か彼の事務所スタッフの可能性が高いと認定したのである。つまり裁判所は、喜田村弁護士が催告書を作成して、それを江崎名義に偽って裁判を起こしていたと認定したのだ。

それゆえに著作権裁判では常に争点となる創作性の検証に踏み込むまでもなく、江崎氏の敗訴が確定したのだ。まったく予想外の結末だった。

東京地裁の判決は次のように重大な事実を認定した。

　本件催告書には、読売新聞西部本社の法務室長の肩書きを付して原告の名前が表示されているものの、その実質的な作成者（本件催告書が著作物と認められる場合は、著作者）は、原告とは認められず、原告代理人（又は同代理人事務所の者）である可能性が極めて高いものと認められる。

原告代理人に，上記の点に関しての今後の対応について相談した。

これを受けて，原告代理人は，原告に対して，本件回答書を被告サイトに掲載することは，本件回答書について原告が有する公表権を侵害することになるから，本件回答書の被告サイトからの削除を求める旨の催告書を，被告に対して送付することを提案し，原告代理人事務所において，催告書の文案（本件催告書）を作成し，そのデータをメールに添付する方法により，原告に送信した。

原告は，同日の午後６時２６分，原告代理人事務所から受け取った上記の本件催告書に係るデータを，メールに添付して，被告に送信した。なお，被告に送信された本件催告書の上記データはＰＤＦファイル形式であった。

イ　上記の認定事実によれば，本件催告書には，読売新聞西部本社の法務室長の肩書きを付して原告の名前が表示されているものの，その実質的な作成者（本件催告書が著作物と認められる場合は，著作者）は，原告とは認められず，原告代理人（又は同代理人事務所の者）である可能性が極めて高いものと認められる。

これに対して，原告は，本件催告書を作成したのは原告である旨主張し，原告本人尋問において，本件催告書は，原告が作成したものであり，原告代理人には，本件催告書の文末の部分の添削を受けただけであると供述する。

そこで，この点について，以下，検討する。

(ア)　前記アで判示したように，本件催告書は，平成１９年１２月２１日の午後６時２６分に，メールで被告に送信されたところ，原告は，原告本人尋問において，同日に，被告サイトに本件回答書が掲載されていることを発見したため，原告代理人に対し，その対処方法について相談した結果，本件催告書を被告に送信することになったこと，原告がまず本件

知　的　財　産　高　等　裁　判　所

－ 7 －

高裁判決。「イ」の部分に、催告書の名義人を偽っていた事が記されている。

裁判所が認定した行為がなぜ違法にあたるのかを理解するためには、どうしても著作者財産権と著作者人格権の違いに言及する必要がある。

著作権裁判——勝訴から弁護士懲戒へ

著作者財産権というのは、「著作権者の財産的利益の保護を目的とする権利の総称」（『ＷＥＢで著作権法講義』）のことである。たとえば単行本から発生する印税を受け取る権利は、著作者財産権で保障される。著作者財産権を他人に譲渡することは認められている。

一方、著作者人格権は、「著作者の人格価値を保護しようとする権利で、一種の名誉権」（『知的財産用語辞典』）である。つまり創作者がだれかを明確にして、創作者の名誉を守るための法律である。

意外に知られていないが、著作者人格権は一身専属性で他人に譲渡することはできない。

江崎氏がわたしに対して起した裁判は、著作者人格権に基づいて、催告書の削除を求めてきたものである。従って催告書が江崎氏自身が書いた著作物であるということが、提訴の大前提になっているのだ。

ところが判決は、催告書の作成者が江崎氏とは別にいることを認定したのである。しかも、それは喜田村弁護士か彼の事務所スタッフの可能性が高いと結論付けていた。

つまりもともと江崎氏には著作者人格権を根拠に裁判を提訴する権利がないのに、自らが催告書の作成者であると強弁して提訴に及んだのである。

江崎氏は判決を不服として控訴した。しかし、知的財産高裁は一回の口頭弁論を開いただけで結審して、二〇〇九年九月に原審判決を追認する判決を下したのである。さらに翌年には、江崎氏の上告を棄却するかたちで、わたしの勝訴が確定した。喜田村弁護士か彼の事務所スタッフが催告書を作成して、それを「江崎名義」に偽って提訴に及んだ強い可能性を認定する判例が確定したのである。

ちなみに弁護士職務基本規程は、次のように偽りの内容を述べた書面を提出することを禁じている。

第七五条　弁護士は、偽証若しくは虚偽の陳述をそそのかし、又は虚偽と知りながらその証拠を提出してはならない。

喜田村弁護士は、催告書の作成者が江崎氏ではないことを知りながら、江崎氏が催告書の著作者であるという前提で訴状を執筆し、提出したわけだから、ウソを前提に裁判を起こしたことになる。判決の確定を受けて、わたしは喜田村弁護士に対する弁護士懲戒請求の申し立てを考慮するようになった。そして実際、二〇一一年の一月、わたしは第二東京弁護士会へ喜田村弁護士の懲戒請求を申し立てたのである。

著作権裁判——催告書の作成者が別にいた

裁判所は何を根拠として問題となった催告書の作成者が原告の江崎氏ではなく、喜田村弁護士か、彼の事務所スタッフの可能性が極めて高いと認定したのだろうか？　地裁判決を基に、この点を検証してみよう。

まず第一に江崎氏が有する法律知識では、争点になった催告書を作成できないという判断である。判決は次のように言う。

原告は、社会部を中心とする取材記者の経歴が長く、大学時代を含めて、これまで専門的に法律を習得した機会はなく、読売新聞西部本社において、法務室に配属されたのも、本件催告書を作成する七か月余り前のことであり、また、これまで、催告書を作成した経験もないところ、このような経歴、素養を有する原告が、上記のような数時間程度の期間内で、作成済みの催告書や文例を一切参考にせずに、六法全書と著作権法関係の本を参考にして、本件催告書とほぼ同一の内容の草案を作成できるとは到底考え難いところである。

第二に江崎氏が催告書を作成する際に使ったワープロソフトを覚えていないと供述するなど、不自然な点があることである。これについて判決は次のように認定した。

しかしながら、原告が、本件催告書を、会社に備え付けのパソコンで作成したのであれば、通常、日常の業務において使用しているワープロソフトであることを自認するワードによって本件催告書を作成したものと考えられ、原告本人尋問においても、そのように供述するのが自然と解される。また、原告が、本件催告書を日常の業務で使用しているワープロソフト以外で作成した可能性があるのであれば、そのことの説明をするのが自然であるというべきであり、それにもかかわらず、上記のような供述をすることは理解し難いところである。

第三に江崎氏が催告書が著作物であることを主張していながら、具体的な創作的表現がどこにあるのかを説明できなかった点である。判決は次のように述べている。

原告本人尋問において、本件催告書のうち、原告自身が創作性があると考える部分は具体的にどこであるかという質問に対しては、全体として創作性がある、又は自分で考えて作成したことに創作性がある旨の供述に終始しており、具体的な創作的表現を指摘できず、また、本件催告書の作成に当たって留意した点などの本件催告書の作成経緯についても、一切触れておらず、この点も不自然といわなければならない。

第四に、催告書草案のデータが存在しないことである。江崎氏は自分で催告書の草案を作成して喜田村弁護士に確認してもらった旨を供述しているが、肝心のデータが残っていない。これについて判決は次のように認定した。

なお、原告は、原告本人尋問において、自ら作成した本件催告書の草案を原告代理人に確認してもらうために、そのデータをメールに添付することにより送信した旨供述するが、原告及び原告代理人の両名とも、現在、上記メールのデータを有しておらず（第３回口頭弁論調書）、この点も、不自然であるとの感は否めない。

第五に、別件で喜田村弁護士がウェブ上のニュースサイト「マイニュースジャパン」へ送付した催告書と、著作権裁判の対象になった催告書の書式と構成が極めて類似している点である。それゆえに江崎名義の催告書の作成者も喜田村弁護士と判断したのだ。

判決が言及している「マイニュースジャパン」宛ての催告書は、わたしとは別のフリーライターが執筆した記事に添付された文書類の削除を求めた内容だ。この記事は、江崎氏がわたしに対して、仮処分命令を申し立てたことを伝えたものである。記事の裏付けとして、喜田村弁護士が執筆した仮処分命令中立書と準備書面がマイニュースジャパンで公開されたのだが、喜田村氏がこれらの文書類の削除を求めて催告書を送付したのである。

以下、判決は二つの催告書を比較した上で、その著しい類似性を認定した。なお、判決文の中の「代理人催告書」とは、喜田村弁護士がマイニュースジャパンへ送り付けた催告書を指す。また、宛先会社とは、マイニュースジャパンのことである。

　ところで、代理人催告書（乙二一）は、原告代理人が作成したものであることは争いがないところ、同催告書は、宛先会社に対して、同社が開設するウェブサイトから原告代理人作成に係わる文章の削除を求めるという内容の催告書であるが、証拠（甲三、乙二一）によれば、本件催告書は、代理人催告書と、一行の文字数及びフォントが同一であり（なお、原告は、原告代理人による本件催告書の草案の修正は、原告が原告代理人に対して本件催告書の草案をメールで送信した上で、同草案を確認した原告代理人から電話で指示を受けて、原告が自ら行うという方法でされたものと思われる旨供述しており（原告本人尋問調書二一、二九）、同供述のとおりとすれば、原告代理人が、原告から送信されてきた本件催告書の草案の修正をした際に、その文字数及びフォントを、自己の業務で使用している書式と同一のものと変更し、この修正後のデータを原告に送信したものとは考えられない）。また、前文として「冠省」という言葉を、結語として「不一」という言葉を使用している点で一致しており、文章の構成も類似している（両者とも、①中止を求める被告の行為の指摘、②原告が有する権利の主張、③上記の被告の行為が原告の上記権利を侵害する旨の主張、④上記の被告の行為の中止の要求、⑤同要求に従わなかった場合、法的手段に訴えることの通告という構造になっている）ことが認められる。

さらに裁判所は法律の専門家しか知り得ない語法が催告書に採用されている事実などを指摘して、江崎氏の法知識ではなし得ないと判断している。

このように判決は複数の観点から江崎法務室長とは別の人物が催告書を作成したと認定したのである。

なお、東京地裁は、「仮に、本件催告書を作成したのが原告であるとした場合に、本件催告書が創作的な表現といえるか否か」についても検討している。その結果、催告書に著作物性はまったく見られないと認定したのである。

「新聞販売黒書」裁判――「窃盗」は事実の摘示か？

わたしに対して読売が提訴した二件目の裁判は、名誉毀損裁判である。時期は、江崎法務室長がわたしに対して著作権裁判を提起した二週間後にあたる二〇〇八年三月である。

原告は、江崎氏ら三人の読売社員と読売新聞西部本社である。江崎氏らがわたしに対して支払いを要求してきた額は、二二三〇万円だった。

この裁判の発端は、読売が断行したYC久留米文化センター前に対する強制改廃事件である。既に述べたように真村裁判の福岡高裁判決が生まれたことで、偽装部数の受け入れを断るYCが出てきた。YC久留米文化センター前の平山春夫店主もそのうちの一人だった。

ところが平山氏が偽装部数の受け入れを断った三カ月後、江崎氏ら三人の読売社員が事前連絡もなしに販売店に足を運び、改廃通告を読み上げ、平山店主を解任したのだ。三人の中には、真村氏が憎悪に近い感情を抱いていた川本氏も含まれていた。

わたしはこの事件を「新聞販売黒書」で速報した。

速報記事の中でわたしは、江崎氏ら読売関係者が同店を強制改廃した後、読売アイエスの社員が店舗から折込チラシを運び出した行為を指して、「窃盗に該当し、刑事告訴の対象になる」と評した。次の箇所である。

その上（黒薮注：「改廃した上」の意味）で明日の朝刊に折り込む予定になっていたチラシ類を持ち去った。これは窃盗に該当し、刑事告訴の対象になる。

読売はまずチラシの持ち出し行為を行ったのが、読売アイエスの社員であることを記事の中で明確にしなかったことを問題にした。チラシを搬出したのは自分たちではなくて、読売アイエスであるという主張である。また、平山店主からチラシを搬出する許可を得ていたと主張した。

しかし、わたしには引用文のように書いた理由があった。チラシの搬出に先だって、江崎氏らが失職という強い精神的衝撃を与えて、平山店主を意気消沈させた後、読売側が搬出行為に及んだことを重く見て、「窃盗に該当」すると評論したのである。文章上のレトリックで言えば、隠喩（メタファー）で、「窃盗に該当するほど悪質である」というニュアンスを強調した表現である。事前に改廃通告をした上でチラシを搬出していたのであれば、「窃盗」という評価はしなかった。

また読売と読売アイエスを明確に区別しなかったのは、両者とも同じ読売グループであるからだ。この事件についての情報を提供した真村氏も同じ認識だった。

ちなみにわたしがこの事件を速報したのは、一刻でも早く販売関係者の間から抗議の声を上げ、それにより読売に改廃を撤回させる必要があったからだ。しかし、速報の代償として綿密な取材に基づいた記事は期待できなかった。そこでわたしは念のために、読売に希望があれば反論の全文を「黒書」に掲載する旨を伝えた。しかし、読売は反論権を放棄して、提訴に及んだのである。

判決は地裁、高裁ともにわたしの勝訴だった。裁判所は問題となった記事そのものが「窃盗」についての報道を主眼としたものではなく、名誉毀損には当たらないと判断したのである。

民事訴訟の場合、第一審と第二審で勝訴すれば、第三審にあたる最高裁で判決が翻ることはめったにない。上告しても大半は口頭弁論を開かないまま高裁判決が追認されるケースが大半を占める。ところがこの裁判は、その後、意外な展開を見せる。

高裁で勝訴してから一年以上が過ぎた二〇一一年一二月、最高裁が口頭弁論を開くことを決めたのである。これは実質的に高裁判決を見直して、読売を逆転勝訴させる方針を最高裁が決定したことを意味する。

実はこの裁判についてわたしはある時期から、嫌な予感に悩まされるようになっていた。それは読売の弁護団に関する事だった。

読売の代理人弁護士は元々は喜田村洋一弁護士だったが、東京高裁で開かれた控訴審から、TMI総合法律事務所に所属する升本喜郎弁護士らに交代した。

「新聞販売黒書」裁判——裁判の公平性に疑問

読売が敗訴を経て最高裁へ上告した後、わたしは念のためにTMI総合法律事務所について調べてみた。その結果、この法律事務所は二〇〇人を超える弁護士を擁し、司法官僚らの再就職先になっていることが判明した。

二〇一二年一月の時点では、次の人々が顧問として在籍している。

泉徳治　：元最高裁判事
今井功　：元最高裁判事
才口千晴：元最高裁判事
頃安健司：元大阪高等検察庁検事長
三谷紘　：元公正取引委員会委員・横浜地方検察庁検事正
樋渡利秋：元検事総長

検事と裁判所も深い関係がある。と、言うのも判事と検事の人事交流制度が存在するからだ。「判検交流」と言われるものである。刑事事件で起訴された場合、無罪になることがほとんどないのも、検事と判事が人脈で繋がれているからではないかとの見方もある。

わたしが懸念したのは、ＴＭＩ総合法律事務所のように裁判所人脈がある法律事務所が読売の代理人になっている事実だった。公正中立な判決を下せる条件があるのか、不安にかられたのだ。

さらにわたしは念のために最高裁と新聞社の関係も調査してみた。その結果、メディア企業の関係者が多数、最高裁の各種委員会に委員として参加していることが分かった。詳細は次の通りである（二〇一二年六月現在）。

■下級裁判所裁判官指名諮問委員会・地域委員
神谷達（中日新聞社相談役）
今中亘（中国新聞社顧問）
本多八潮（元時事通信社高松支局長）
■裁判官の人事評価の在り方に関する研究会
金丸文夫（読売新聞社調査研究本部主任研究員）
■裁判員制度の運用等に関する有識者懇談会
桝井成夫（元読売新聞社論説委員）
■明日の裁判所を考える懇談会
桝井成夫（元読売新聞社論説委員）
■最高裁判所長官公邸の整備に関する有識者委員会
土屋美明（社団法人共同通信社論説委員）
■裁判の迅速化に係る検証に関する検討会委員
野間万友美（テレビ朝日報道局ニュース情報センター外報部課長）

読売の関係者は、述べ人数で三名である。

読売には、ＴＭＩ総合法律事務所を通じた最高裁人脈と最高裁の委員会や研究会を通じた最高裁人脈があるのだ。

このような実態に気付いたとき、わたしは法廷に立たされた者として、不公平感を払拭することは出来なかった。

「新聞販売黒書」裁判――最高裁第二小法廷

わたしの不吉な予感は的中した。二〇一一年の暮れに最高裁が読売の上告受理申立を受理して、口頭弁論を開くことを決めたのだ。実質的に最高裁が読売を逆転勝訴させ、わたしを敗訴させることを決めたのである。

二〇一二年の三月初旬に最高裁で口頭弁論が開かれた。この場で読売側から升本弁護士が、「黒薮」側から市橋弁護士とわたしが弁論を陳述した。わたしは四人の判事を前に、次の原稿を読み上げた。

　本件裁判で問題になっている記事の表現について、執筆者としての意見を陳述する機会を与えていただいたことに感謝いたします。

　さて、ある表現の評価は、記事が扱っている事件を執筆者がどのように受け止め、どのように感じ、どのような視点から起稿したかという点を抜きにして定めることができません。複合的な評価が求められます。

本件記事は読売新聞社による新聞販売店の強制改廃を速報したものです。周知のようにこの事件は、「押し紙」の受け入れを断った平山春雄店主（故人）が経営するＹＣ久留米文化センター前（福岡県久留米市）の店舗へ、三人の読売社員が事前連絡もせずに押しかけ、事務的に改廃通告を読み上げて販売店つぶしを断行したものです。その後、読売ＩＳの社員が、ドラスチックな強制改廃に動揺している平山店主を説き伏せて、店舗から折込チラシを持ち去ったというのが大まかな事件の流れです。

しかし、平山氏は改廃に納得していたわけではありません。かたちのうえでは折込チラシの持ち出しに合意しましたが、それは新聞の購読者に迷惑をかける事態を回避するために選んだ措置でありました。事実、平山氏はその後、読売による改廃方法そのものが納得できないと話していました。それゆえにただちに地位保全裁判に踏み切ったわけです。

わたしは強制改廃に対する怒りを内に秘めた平山氏の心情に配慮して本件記事を書きました。みずからの意にそぐわないにもかかわらず、チラシの搬出を強く求められたわけですから、大変な葛藤があったに違いありません。半ば思考が混乱していたものと推測します。こうした強いショックを伴う心理状態の下で読売ＩＳの社員がチラシを持ち去ったわけですから、このような行為を「窃盗」に類すると評価することがあながち間違いとは思いません。

改めて言うまでもなく、争点になっている「窃盗に該当し、刑事告訴の対象になる」という表現は、文章上のレトリック（修飾）でいうメタファー（隠喩）にほかなりません。窃盗のように悪質で、裁判の場で裁かれても仕方がないという思いで使用したわけです。たとえば「あの監督は鬼だ」という表現があるとします。もし、この表現が事実の摘示で名誉毀損に該当するのであれば、メタファーは使えなくなります。

新聞社という職業柄、常に文章表現と向き合う読売関係者が、このようなレトリックの原理を理解していないはずがありません。

それにある記述を読者がどのように受け止めるかは個人差があって、法律というひとつの物差しだけでは評価できません。同じ記述であっても、例文として人工的に作成したものでない限り、個人により受け止め方や解釈が千差万別になるのが当たり前です。たとえば芥川賞など文学賞の選評を読んでみれば、それは一目瞭然です。ある作品を強く推す選者もいれば、石原慎太郎氏のように失望して選考委員を辞退する人もいます。本件訴訟で地裁と高裁の裁判官が、名誉毀損には該当しないと判断したことも誤りではありません。

最高裁判事が裁判官以外の職種からも抜擢される背景にも、幅広い解釈を重視すべきという方針があると聞いておりますが、もし、そうであるならば特定の文章表現をひとつの基準で測って、規格外のものは名誉毀損と決めつけるのは、問題があります。文章表現の許容範囲を制限してしまうと、言論表現の自由が著しく限定されて、文化の発展に負の影響を及ぼします。

それゆえに本来であれば、表現に関する係争は、当事者間の論争で決着を付けるのが望ましいというのが一般論です。とりわけ言論人同士の表現をめぐる係争には、論争を選択するのが原則ではないでしょうか。表現の解釈には個人により大きな幅があるからです。

このような観点からわたしは本件記事を執筆した後、読売に対して希望があれば、反論を本件ウェブサイトに掲載する旨を文書で申し入れました。ところが読売は反論権を行使しませんでした。そしていきなり二二三〇万円を請求する裁判を起こしたのです。もちろん修正の申し入れも一切しませんでした。

ちなみに読売がわたしに対して提起してきた裁判は、本件訴訟だけではありません。二〇〇八年二月からわずか一年半の間に三件の裁判を仕掛け、請求額は約八〇〇〇万円にもなりました。弁護団の答弁書にも詳しく書かれているように、このような一連の裁判攻勢の目的は、「押し紙」報道の抑圧にあると思われます。名誉毀損という主張はあくまで建前であり、公衆に向けた表の顔であって、裁判を提起する目的は、むしろ「押し紙」報道の妨害にあります。それゆえに次から次へと裁判を提起し、精神的にも経済的にも圧力をかけてきたわけです。

周知のように「押し紙」は、今や公然の事実になっております。「押し紙」訴訟では、販売店が「押し紙」を断った証拠がないことを理由に、新聞社側が勝ち続けてきましたが、販売店で多量の新聞が過剰になっていること自体は周知の事実であります。従って新聞を押し付けた事実がなくても、新聞社は、広告主に対しては大変な背信行為を働いていることになります。これは新聞社の信用にかかわる大問題です。読売が訴訟を悪用してまでも、「押し紙」報道を妨害せざるをえないゆえんではないでしょうか。

三件の裁判のうち、言論抑圧の目的が最も明確に現れているケースは、読売が法務室長の名義で提起した著作権裁判です。この裁判は本件訴訟の二週間前にあたる二〇〇八年二月に起こされたものですが、驚くべきことに法務室長には提訴の権利そのものがなかったことが、後日、判決の中で認定されました。もともとこの裁判は、法務室長が自分で執筆した文書を、わたしが無断でインターネット・サイトに掲載したという前提で提起されたものでした。しかし、争点になった文書の執筆者が別にいた事実が暴露されたのです。つまりもともと訴訟を起こす権利がないのに、わたしを裁判にかけることに固執したために、このような脱法行為に及んだのです。しかも、弁護士がそれを指導していたのです。

このように反対言論の抑圧を目的に読売は、二件目の裁判にあたる本件訴訟を提起し、「窃盗」という言葉だけを前後の文脈から切り離して、それが事実の摘示であるという論法を展開してきたわけです。

読売が高額な賠償金を請求する本件訴訟を起こした事実と反論の機会をみずから放棄した事実は整合しています。辻褄があいます。と、すればわたしに賠償責任が生じるでしょうか。

本件訴訟でかりに表現の自由を制限する方向性が定着するとなれば、それはジャーナリズム活動の制限につながりかねません。それはすべての出版関係者に大きな痛手となります。

最高裁判所におかれましては、本件記事の背景にある事情を理解いただいた上で、判決を下していただくようにお願い申し上げます。

「新聞販売黒書」裁判――読売の逆転勝訴

最高裁の判決は、三週間後に言い渡された。主文は次の通りだった。

原判決を破棄する。
本件を東京高等裁判所に差し戻す。

判決を要約すれば、わたしが書いた記事は、事実を摘示したものであるにもかかわらず、真実とは異なっているから、不法行為にあたるというものである。

「事実の摘示」とは、たとえば「日本の首都は東京だ」というように、ある事柄が厳密に真実であること示す行為を意味する。これに対して「評論・推論」は、筆者の見解や予測を記した記述である。

ある記述が「事実の摘示」と判断された場合は、それが真実であること、あるいは限りなく真実に近いことを被告側が立証しなければならない。立証できなければ、名誉を毀損したことになる。

これに対して「評論・推論」と判断された場合は、名誉を構成する範囲が狭くなる。最高裁は読売が問題視した記事を「事実の摘示」と認定した上で、記事の内容が真実ではないので、名誉毀損が成立すると判断したのである。

しかし、表現とは最高裁判事が考えるほど単純なものではない。ある表現が成立する背景には、その源泉となる事実がある。それをどう解釈するかで表現も多様になる。

この改廃事件では、読売側がチラシを搬出する直前に、平山店主が失職による強いショックを受けた状況がある。しかも、本人の前で改廃通告を読み上げるという屈辱的な方法で失職へ追い込まれたのだ。平山氏は冷静な状態で、折込チラシの搬出を許可するか否かを読売側と話し合ったわけではない。

もちろん強制改廃を受け入れたわけではなかった。事実、強制改廃に納得できず、ただちに地位保全裁判を起こしている。

こうした状況を考慮してわたしは、チラシを搬出した行為を、「窃盗に該当」と表現したのである。読売側が「承諾を得て正当に搬出した」とは書けなかった。それが表現の幅であり、表現に内包された思想である。

最高裁はそれが名誉毀損に該当するというのだ。これは文章のレトリックをまったく理解していない証拠ではないだろうか。もちろん「窃盗に該当」は、事実の摘示ではなく、チラシの持ち出し行為に対する評価である。仮に「窃盗に該当」が名誉毀損に当たるとすれば、税金の無駄遣いを「税金泥棒」と表現しても名誉毀損ということになってしまう。これでは文章表現の幅が限定されてしまう。

判決理由は極めて短いので、全文をそのまま引用しておこう。

（1）ある記事の意味内容が他人の社会的評価を低下させるものであるかどうかは、一般の読者の普通の注意と読み方を基準として判断すべきものである（最高裁昭和二九年（オ）第六三四号同三一年七月二〇日第二小法廷判決・民集一〇巻八号一〇五九項参照）。

前記事実関係によれば、本件記事は、インターネット上のウェブサイトに掲載されたものであるが、自体として、一般の閲覧者がおよそ信用性を有しないと認識し、評価するようなものであるとはいえず、本件記載部分は、第一文と第二文があいまって、上告会社の業務の一環として本件販売店を訪問した上告人江崎らが、本件販売店の所長が所持していた折込チラシを同人の了解なくして持ち去った旨の事実を摘示するものと理解されるのが通常であるから、本件記事は、上告人らの社会評価を低下させることが明らかである。

（2）そして、前記事実関係によれば、本件販売店の所長が所持していた折込チラシは、訴外会社の従業員が本件販売店の所長の了解を得た上で持ち帰ったというのであるから、本件記載部分において摘示された事実は真実でないことが明らかであり、また、披上告人は、上告人会社と訴訟で争うなど対立関係にあったという第三者（黒薮注：真村氏のこと）からの情報を信用して本件サイトに本件記事を掲載したと主張するのみで、本件記載部分において摘示した事実が真実であると信ずるにつき相当の理由があったというに足りる事実を主張していない。

（３）そうすると、披上告人が本件サイトに本件記事を掲載したことは、上告人らの名誉を毀損するものとして不法行為を構成するというべきである。

これが判決理由であるが、厳密に言えば「理由」というよりも結論を述べているに過ぎない。理由というからには、わたしが法廷で陳述した疑問点に回答しなければおかしい。たとえば判決は、読売関係者が「（平山）所長の了解を得た上で（チラシを）持ち帰った」と決めつけているが、たとえば、わたしは陳述の中で、次のように主張していたはずだ。

みずからの意にそぐわないにもかかわらず、チラシの搬出を強く求められたわけですから、大変な葛藤があったに違いありません。半ば思考が混乱していたものと推測します。こうした強いショックを伴う心理状態の下で読売ＩＳの社員がチラシを持ち去ったわけですから、このような行為を「窃盗」に類すると評価することがあながち間違いとは思いません。

この記述について最高裁判事らが論理的に反論していれば、まだ納得できるかも知れないが、実際は思考のプロセスを示すこともなく結論だけを述べている。地裁と高裁の判決を覆すためには、それなりに詳しい記述をするのが常識ではないだろうか。

判決が下ると読売は、当日の夕刊と翌日の朝刊で、自社の逆転訴訟を三段記事の扱いで報じた。立教大学の新聞学者・服部孝章氏は次のようなコメントを出した。

ネットに掲載されれば世界中で見ることができ、影響は大きい。ネット上の名誉毀損に対する警鐘と受け止めるべきだ。

繰り返しになるが、「窃盗に該当」という表現は、読売側がいきなり平山店主に改廃を通告し、平山氏に強いショックを与えた上で、折込チラシを搬出した行為を評したものである。わたしは事実を摘示する意図で書いたわけではない。この程度の表現が法的に違法とされ、賠償金支払いの対象になるとすれば、ジャーナリズム活動は展開できなくなる。

東京高裁での差戻審は、二〇一二年七月四日に開かれた。差戻審は一回の口頭弁論で結審して、二カ月後にわたしが支払う賠償金の額が決定されることになった。

差し戻し審で一一〇万円の支払い命令

差し戻し審の判決は、八月二九日に下された。東京高裁の加藤新太郎裁判長は次のような判決文を読み上げた。

一　控訴人らの控訴に基づき、原判決を次のように変更する。
（一）被控訴人は、控訴人株式会社読売新聞西部本社に対し四四万円、控訴人江崎徹志、控訴人山田正裕（仮名）及び控訴人川本光男（仮名）に対しそれぞれ二二万円並びにこれらに対する平成二〇年三月三日から各支払済みまで年五分の割合による金員を支払え。
（二）控訴人らのその余の請求をいずれも棄却する。
二　訴訟の総費用はこれを五分し、その四を控訴人らの、その余りを被控訴人の負担とする。
三　この判決は、第一項（一）に限り、仮に執行することができる。

判決を下した加藤新太郎裁判長は、二〇〇〇年五月に創価学会の池田大作氏が性的暴力で提訴された裁判で、「訴権の濫用」を理由に訴えを退けた判事である。二〇一一年五月には、千葉県銚子市の市長選で読売批判のビラをまいた会社役員を読売が提訴した事件で、読売を勝訴させ、被告に二二〇万円の賠償を命じた判事でもある。さらに同年の三月には、「君が代」の斉唱を拒否した教員が停職になった事件で、処分の取り消しを求めた裁判の控訴審で、「君が代」斉唱の際に起立や斉唱を義務づけた都教委の通達を合憲と判断して、控訴を棄却した。わたしには、これらの判決が独断と偏見に満ちているように感じられた。

ちなみに加藤新太郎裁判長は、二〇〇五年一一月に読売新聞に登場している。「新潟」版の紙面に掲載されたインタビュー記事で、満面の笑みを浮かべた写真も掲載されている。それ以降も裁判員制度の記事などで読売から取材を受けている。判事が新聞記者の取材に応じてはいけないルールがあるわけではないが、読売新聞に大きく登場した裁判官が、読売が控訴人になった裁判の裁判長を務めたことに違和感を覚える。

金利などを含めると、わたしの支払い額は約一三〇万円になる。この額をどう評価すべきなのだろうか。たとえば二〇一二年四月に民主党の牧義夫衆院議員が朝日新聞を名誉棄損で訴えた事件の判決があった。この裁判は、障害者団体向け郵便割引制度適用の承認をめぐり、牧議員が工作したとする記事に対して、牧議員が提起したものである。判決は朝日の名誉毀損を認め、一一〇万円の支払いを命じた。

【ぷれーばっく】新潟地裁所長・加藤新太郎さん55（05/11/5）

ツイートする　おすすめ　0　チェック

裁判官も「話し、聞く」能力を

愛知県岡崎市出身。高校まで同市内で過ごし、名古屋大法学部卒。1975年4月に東京地裁判事補に着任後、大阪地裁判事、東京地裁判事部総括などを歴任。新潟地裁所長に着任前は、司法研修所教官一部上席として、現役裁判官の研修を担当していた。

法律家に漠然とあこがれを抱いたのは、小学生のときに見たアメリカのテレビドラマ「弁護士ペリー・メイスン」シリーズがきっかけでした。無実の人を救うために交わされる議論の面白さにひかれたんでしょうね。そのころから「将来の夢は弁護士」と答えていました。

司法試験に合格した当初は「正義の実現と巨悪の根絶」という言葉にひかれ、検察官を志望しましたが、最終的に裁判官の道を選びました。修習生時代には検察、弁護、裁判の3種の実務研修を受けますが、実は1番面白くなかったのが裁判官の研修。検察研修は取り調べをしたりして面白かったけれど、裁判研修は法廷で裁判官の公判運営や判決の言い渡しを見ているだけ。

でも、それは実は落とし穴でした。法律家の法律家たるゆえんは、法律と良心に従って、その人がどう考えるかというところ。その研修を通じて、自分で判断する仕事だということに逆に気づかされたんです。

〈当事者の気持ちを大切にする裁判を信条としている〉

記憶に残っている裁判は、40歳代後半に担当した同年代の夫婦の離婚事件。本人尋問で、18年間連れ添った夫婦は互いをののしり合いましたが、最後に「楽しいことはなかった？」と妻に聞くと、険しかった妻の顔がみるみる穏やかなって「楽しいこともありました」と。その言葉を聞いた夫は涙を流し、「私が身を引いてもいい」と妻の主張を完全に受け入れ、和解しました。

確かに判決を出すことで紛争にはケリがつきます。しかし、人の気持ちは論理だけで割り切ることができないのも事実なんです。

修習生時代の担当裁判官から、「事件がかわいい」と教えられたことがあります。当時は意味がわかりませんでしたが、今はその言葉の意味を「自分が出会った事件で、より良い解決を目指す責任感」と解釈しています。

〈裁判員制度を始めとした司法制度改革のまっただ中にいる〉

司法制度改革に対しては2つの受け止め方があります。「ケチをつけられて心外だ」という考えと、「より良くしようというオファー」との考え。私の考えは後者です。今までの裁判官は「読み、書き、考える」能力があればよかったが、

満面の笑を浮べて読売新聞に登場していた加藤新太郎判事。

とは言え、制度はもう2年後にはスタートする。大谷吉史裁判官が「我々も試行錯誤の最中」と言うように、法曹三者は制度が円滑に進むよう日々努力を重ねている。我々市民も裁判員制度に参加する当事者意識をしっかり持たなければと実感した。

◇

新潟地裁の加藤新太郎所長（56）に、裁判員制度の課題や県内の状況について聞いた。

――裁判員制度の導入で裁判はどう変わるか

国民の生活感覚が入り、裁判の質が上がることが期待される。事件にかかわることで、市民が地域の安心・安全に関心を持つきっかけにもなってほしい。

――法律を知らなくても大丈夫か

犯罪事実が存在したかどうかという判断は、人の言うことをうのみにしないとか、客観的な証拠を根拠にするとか、一般人の常識で考えてくれれば良い。量刑を決めるのも、プロの解説を受けて判断するので心配はない。

前掲とは別の記事より。読売にも広告を出している裁判員制度について、読売記者に語る加藤判事。

損害賠償額はわたしのケースと同じだ。しかし、わたしの「新聞販売黒書」は、アクセス数が六〇〇件前後で、朝日は約八〇〇万部である。それを考えると、わたしに対する額は不当に高い。この点について判決は、次のように述べている。

また、インターネット上に載せられた情報は、他のウェブサイトに容易に転載され得るものであり、（略）転載の経緯ないし転載した者の意図がいかなるものであるとしても、名誉を毀損する情報が不特定多数の者に閲覧可能な状態が持続することになる。このようなインターネット上の記事による名誉毀損が有する特徴は、損害の判断に当たり当然に参酌されるべきものである。

この記述はインターネットの実態を正しく把握していない。ウェブサイトの記事が不特定多数の人に読まれるケースはそれほど多くはない。ネット上に情報が氾濫しているのが原因のひとつである。事実、ブログのアクセスランキングを見れば、それが明確になる。たとえばわたしは月に一、二回、「マイニュースジャパン」に記事を掲載してもらっているが、過去三五六日（二〇一二年八月三一日を起点する）の総アクセス数は、八万九四〇三件である。個々の記事は、一万件にも満たない。リンクにより拡散していても、おそらくその五倍にはならない。インターネットであるから、不特定多数の人々に情報が届くという考えは、机上の論理で、少しインターネットの現場を調査すれば分かることだ。

判決の最大の特徴は、「窃盗」という言葉を事実の摘示であると頭から決めつけて、それを前提にして、名誉毀損の理由付けをしている点だ。繰り返しになるが、平山店主に対して強制改廃により大変な精神的衝撃を与えた事実を把握していれば、「窃盗」が「窃盗のように悪質」という意味のメタファー（隠喩）であることを読み取れないはずがない。

しかし、加藤新太郎裁判長は文章修飾学に関する知識が不十分なのか、文章の意味を文字通りにしか解釈していない。この種の軽薄な読み方は、たとえば「あの人は鬼だ」と表現した場合、人間は鬼ではないから、表現は事実に反し、名誉毀損を構成するという論理に等しい。

地裁と高裁でわたしが敗訴したのであればともかくも、下級裁判所は、読売の名誉毀損という主張を認めなかったのである。つまり判事により意見が一致しなかったのだ。それにもかかわらず、差し戻し審では一方的に高額な賠償金の支払いを命じたのである。

『週刊新潮』裁判――シミュレーションを事実の摘示と強弁

二〇〇九年七月、読売はわたしに対して三件目の裁判を仕掛けてきた。訴因となったのは、『週刊新潮』（二〇〇九年六月一一日号）に掲載した署名記事「『新聞業界』最大のタブー『押し紙』を斬る」だった。

この記事は滋賀県で滋賀クロスメディアというポスティング（チラシの全戸配布）の会社が、大津市や草津市など県内の主要な五市を対象に行った購読紙調査の結果を元に偽装部数の実態を報じたものである。クロスメディアのデータを集計したところ、読売：一八・四％、朝日：三四・四％、毎日：五七・三％、産経：五七・三％という「押し紙」率が浮上した。

これらの数字の評価について、わたしは『週刊新潮』の記事で次のように書いた。

ちなみに、読売の一八％（黒薮注：「押し紙」率一八％の意味。この数字は滋賀県で行われた「押し紙」調査で明らかになったもの）は、他社に比べてずば抜けて低い。が、その背景には、特殊な事情がある。実は、八〇年代から〝押し紙〟問題などに熱心に取り組んできた滋賀県新聞販売労組（滋賀販労）中心メンバーの大半がYCの関係者だったことが大きく影響している。

滋賀販労の沢田治元委員長（七四）は、八一年、関係者の間で『北田資料』と呼ばれる奈良県の読売新聞鶴舞直配所の〝押し紙〟に関する内部資料などを発掘し、国会へ持ち込んだ。これを受けて共産、社会、公明の国会議員らが、五年間で一五回にも亘って新聞の闇を追及したのである。

沢田氏が回想する。

「読売の鶴舞直配所では、三割から四割が〝押し紙〟でした。店主の北田敬一氏は公正取引委員会にも〝押し紙〟の実態を告発しましたが、聞き入れてもらえませんでした。わたしは北田さんの叫びを忘れることができません。国会質問では常に記者席が満杯でしたが、新聞は一行も報じず、完全に黙殺したのです」

要するに、当時の沢田氏らの活動もあって、以後、滋賀県のＹＣでは全国的にも珍しく〝押し紙〟を拒否しやすい空気があったようだ。

しかし、読売新聞の場合、全国レベルでは三〇％〜四〇％ぐらいの〝押し紙〟があると筆者は見ている。実際、久留米市のＹＣ経営者と読売新聞との訴訟で明らかになったケースでは約五〇％だった。読売新聞が豪語する〝一〇〇〇万部〟は、かなり怪しい。

さらにわたしは各社の「押し紙」率に基づいて、どの程度の不正収入が発生しているかをシミュレーションした。次の記述である。

これら四紙（黒藪注：朝日、読売、毎日、産経）の〝押し紙〟部数は、八〇一万部。新聞の販売収入は概ね新聞社と販売店が折中であるから、毎月の購読料を一部三〇〇〇円と仮定すると、新聞社の収入は一五〇〇円。これに〝押し紙部数〟を掛けると約一二〇億円になる。年間では一四四〇億円。単純に四等分しても、一社平均で実に三六〇億円が〝不正な〟収入ということになるのだ。

読売はこれら二ヶ所の記述が名誉毀損にあたるとして、五五〇〇万円の損害賠償を求めてきたのである。

この裁判でわたしが最も違和感を抱いたのは、引用した二ヶ所の記述を読売の喜田村弁護士が「事実の摘示」だと強弁したことである。YC久留米文化センター前の改廃に端を発した名誉毀損裁判でも読売は、「窃盗」という言葉が事実の摘示だという前提に基づいて、名誉毀損を主張したのである。

その意味では、二つの名誉毀損裁判における喜田村弁護士の主張パターンは共通している。「評論・推論」の記述を、強引に「事実の摘示」と強弁して裁判に持ち込む論法である。『週刊新潮』とわたしを訴えた裁判では、このような論法が顕著に現れている。実際、喜田村弁護士が作成した訴状にも「推定・評論の記述」を事実の指摘にすり替えた記述がある。次の箇所である。

本件記事は、原告らが日本全国で発行する「読売新聞」の発行部数の三〇〜四〇%は、実際には読者に販売されない「押し紙」であり、原告らは、これにより年間約三六〇億円もの不正な収入をあげ、これ以外にも、紙面広告の収入を不正に取得していると報じるものであるから、これが原告らの社会的評価を低下されることは明らかである。

この記述であれば誰が解釈しても「事実の摘示」である。『週刊新潮』の記述を喜田村氏が歪曲して、事実を指摘する文章に書き換えたものである。しかし、わたしは先に引用したように、シミュレーションの根拠を書いたのである。わたしの記述と喜田村氏が書いた訴状の中の記述は明らかに意味が異なっている。

ところが読売は、わたしが書いたシミュレーションの記述を「事実の摘示」と故意にねじ曲げて、高額訴訟を起こしたのである。

かりに大学入試の国語の試験で、問題となった『週刊新潮』の記事を出題して、「この記事は、事実を摘示した記述か、それとも推測・評論の記述かを答えよ」という質問を設置した場合、後者が正解であることは言うまでもない。

ところがこの裁判では、読売の主張が全面的に認められたのだ。完全勝訴と言っても過言ではない。わたしが読売新聞の発行部数の三〇%から四〇%が「押し紙」であり、それにより「年間約三六〇億円もの不正な収入」を得ているという事実を摘示したことになってしまったのだ。

『週刊新潮』裁判――結論が先にありき

東京地裁は、二〇一一年五月二六日にわたしと新潮社に対して、合計三八五万円の支払いを命じる判決を下した。控訴審も読売の勝訴で、現在、裁判は最高裁で継続している。

この判決（地裁判決）の特徴は、まず、第一に読売が問題とした記述が「事実の摘示」であると認定したことである。第二に「押し紙」の定義を一般の人々が考える残紙という意味に解釈せずに、押し売りされた新聞に限定していることである。枝葉末節はあるにしても、これら二点を裁判所が認定したことが、読売の勝因である。

たとえば「押し紙」の意味を「押し売りされた新聞」に限定してしまうと、過去の販売店訴訟の中で明らかになった残紙の実態が記された判決などを偽装部数が存在する証拠として提出しても、次のように一蹴されてしまう。

　被告らは、原告らと販売店との間の裁判において、三〇％から四〇％の「押し紙」の存在が認定された判決等があると主張する。しかし、それらの判決等（甲一四、一五、一九、二〇、二三、乙三六）を検討しても、読売新聞において「押し紙」が存在することを認定したものは見あたらない。

「押し紙」の意味を限定しているから、残紙はあっても、『週刊新潮』の記事が取り上げた「押し紙」は存在しないという理屈になってしまうのだ。しかし、記事は、無駄な新聞が多量に余っていることを問題視したのである。偽装部数の中味が「押し紙」なのか、「積み紙」なのかという点ではない。

とはいえ、裁判所も「押し紙」の定義だけに執着して判決を下すことに、さすがに不十分さを感じたのか、残紙そのものについての検証も行っている。

たとえば被告（わたしと新潮社）が裁判所に提出した「押し紙」回収を撮影した多量の写真や説明文などを評価する際に、次に引用するように残紙を検証対象にしているが、結局残紙の存在それ自体も認めていない。判決文を引用してみよう。

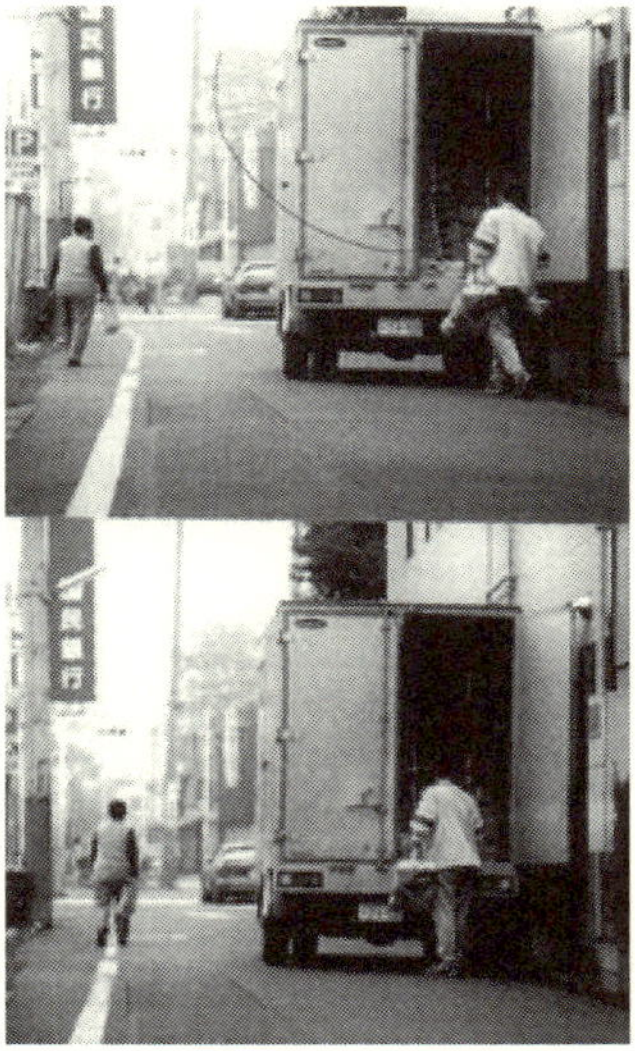
新潮社が裁判所へ提出した証拠写真。

かつて拡張販売員であった者が回収の状況について記載した文書については、その裏付けがないこと、回収の状況を撮影した写真については、撮影されている新聞に読売新聞以外の新聞や古新聞が含まれていることがうかがわれること、新聞の束数を基準に残紙の量を算定しているものについては、朝刊、夕刊の別や日付によって新聞の厚さは異なるし、束自体の厚さも均一とは考え難いから、束数を基準にして正確な残紙率を算出することは困難である……

さらに新潮社とわたしは、偽装部数についての記述がある複数の書籍を証拠として提出した。具体的には高い評価を受けた魚住昭氏の『渡邊恒雄　メディアと権力』（講談社）、森下琉氏の『押し紙』（同時代社）、それに河内孝氏の『新聞社　破綻したビジネスモデル』（新潮社）などである。しかし、村上正敏裁判長は、これらの書籍を次のように評価した。

被告らは、読売新聞に関して「押し紙」が存在することを記載した書籍等（乙六号、八から一一まで、一四）を書証として提出する。

しかし、これらの書籍等の記載を裏付ける証拠はなく、これをもって「押し紙」が存在することを認めることはできない。

綿密な取材によって執筆されたこれらの書籍を頭から全面否定したのである。

「反訴」裁判――「一連一体」の言論弾圧

すでに述べたように読売がわたしに対して仕掛けてきた著作権裁判と最初の名誉毀損裁判で弁護を引き受けてくれたのは、福岡で真村裁判や平山裁判を戦ってきた弁護団である。二件目の名誉毀損裁判でも、控訴審から代理人になってもらった。

法廷が開かれるたびに福岡から三名から五名の弁護士が上京してくれた。わたしは複雑な気持ちだった。

特に最初の名誉毀損裁判の原審は、さいたま地裁だったので、弁護団は空路・福岡から羽田、羽田から埼玉へと移動しなければならなかった。

このような負担を解消するために提訴の直後、わたしの弁護団は裁判の舞台をさいたま地裁から、福岡地裁へ移すように申し立てを行った。裁判の原告である三人の読売社員は読売新聞西部本社に所属し、しかも、福岡地裁が同社の向かいにあったからだ。徒歩で二分の近距離である。三人は埼玉へ移動することなく、簡単に法廷へ足を運ぶことができる。

ところが読売は裁判所を移す提案に猛烈に反対した。

このように第一回の口頭弁論が開かれるまでに、裁判の舞台を巡って双方が争った。そして最終的にさいたま地裁が舞台になったのだ。

弁護団はわたしに対して一円の金銭も請求しなかった。わたしは自分の半生のうちで、これほど他人に対して申し訳ないという思いに駆られたことはなかった。読売が次々と三件の裁判を首都圏の裁判所で提起したことで、福岡の弁護団は支援のための大きな経済的負担を強いられただけではなくて、書面を作成するために膨大な時間を割くはめになったからだ。

わたしと弁護団は読売に対して損害賠償を求めることを検討した。そこでわたしを原告として、まず二〇〇八年一〇月、江崎法務室長と読売に対する損害賠償裁判を福岡地裁で起こしたのである。損害賠償額は二二〇万円だった。しかし、その後、読売が一個人に対して三件の裁判を起こしたことを考慮して、損害賠償額を約五五〇〇万円に引き上げた。争点も再整理して、読売がわたしに仕掛けた三件の裁判は、「一連一体の言論弾圧」という視点を打ち出した。つまり訴権の濫用を主張したのである。

この裁判は現在も進行している。しかし、残念ながら結審が近づくにつれてわたしの勝算が少なくなってきた。にわかに信じがたいことだが、福岡地裁の田中哲郎裁判長がわたしの陳述書を証拠採用しないことを明言したのだ。原告本人が陳述書の中で自分の主張を展開しているのに、その受け取りを拒否するというのだ。通常ではまずありえないことである。

当然、わたしの弁護団が法廷で激しく抗議した。その結果、三人の裁判官が別室で協議して、最終的には証拠採用することになった。

しかし、これで問題が解決したわけではなかった。次に裁判長は原告本人の尋問を行わない決定を下したのである。原告の尋問を行わない事態は通常ではあり得ない。かりにわたしが法廷で不穏当な行動を取ったのであれば、本人尋問を拒否されても仕方がないが、法廷では至って平穏にしていた。

わたしの弁護団が抗議したが、本人尋問を行わない決定は覆らないまま結審した。判決は二〇一二年七月一九日に言い渡された。結果は、わたしの敗訴だった。

敗訴を受けてわたしは福岡高裁へ控訴した。ところが、わたしの裁判を担当したのは、矛盾だらけの判決で真村氏を敗訴させた木村元昭判事であった。真村裁判の判決の後、わたしは自分のウェブサイトで木村裁判長を批判している。本書の6章でも批判の対象とした。

このような人物がわたしを原告とする裁判の裁判長を務めた場合、公平な裁判は望めない。裁判所がわたしの「木村批判」を知って、嫌がらせでこのような措置を取ったのか、それとも偶然の結果なのかは不明だ。

わたしには日本の裁判制度が、正義を実現するためにあるのではなくて、新聞社など大きな権力を持つ組織の利益を守るためにあるように思えてきた。企業戦略に法的なお墨付きを与えることで、企業の利益を守っている。そのことを当事者として、あるいは取材者として訴訟に関わるなかで、痛感するようになった。

8章　偽装部数がジャーナリズムを崩壊させる

二〇一一年三月一五日、読売は第二次真村裁判の福岡地裁判決で勝訴したのを機に、わたしを訴えた裁判を含め、新聞販売関連のすべての裁判で勝訴の流れを取り戻した。興味深いことに、これに連動するかのように雑誌による「押し紙」報道もあまりなされなくなってしまった。

雑誌が新聞社の「押し紙」問題で最も攻勢を強めたのは、二〇〇七年、第一次真村裁判の福岡高裁判決で、読売の優越的地位の濫用を認定する判決が下った後だった。

たとえば『週刊ダイヤモンド』は、同年の九月に「新聞没落」という特集を組んでいる。特集の2章では、「訴訟続発！　違法行為が横行　知られざる新聞販売の闇」というタイトルで「押し紙」問題に深く踏み込んでいる。真村裁判については次のように記述している。

福岡県八女郡の読売新聞販売店、ＹＣ広川が〇二年九月、読売から販売エリアの縮小を迫られたことに対して販売契約上の地位確認を求めた訴訟。福岡地方裁判所はその判決文で、「（読売新聞の）販売局部長らが販売店主らに対し〝読売新聞販売店には増紙という言葉はあっても、減紙という言葉はない〟〝新聞販売業界は（販売部数を）増やした者にのみ栄冠があり、減紙をしたものは理由の如何を問わず惨敗兵となる世界〟〝増紙こそ正義〟と発破をかけていた」とし、二審の福岡高等裁判所判決でも「（読売新聞は）ひたすら増紙を求め、減紙を極端に嫌う方針があり、それは被告（読売新聞）の体質にさえなっているといっても過言ではない」と読売を厳しく断罪した（読売は判決を不服として最高裁判所の上告受理申し立て中）。

ＡＢＣ部数の信憑性についても、次のようにずばり問題を指摘している。

押し紙問題の元凶の一つが、日本ＡＢＣ協会による新聞部数調査だ。新聞広告料金や折り込みチラシの配布枚数は、同協会のＡＢＣ公表部数などを基に設定されている。こうした第三者機関があるにもかかわらず問題が指摘されるのはなぜか。

答えは簡単だ。ＡＢＣ公表部数とは、「新聞社から販売店へ送り、金額を請求した部数」にすぎないからだ。販売店にどれだけ押し紙があっても、ＡＢＣ公表部数に反映され

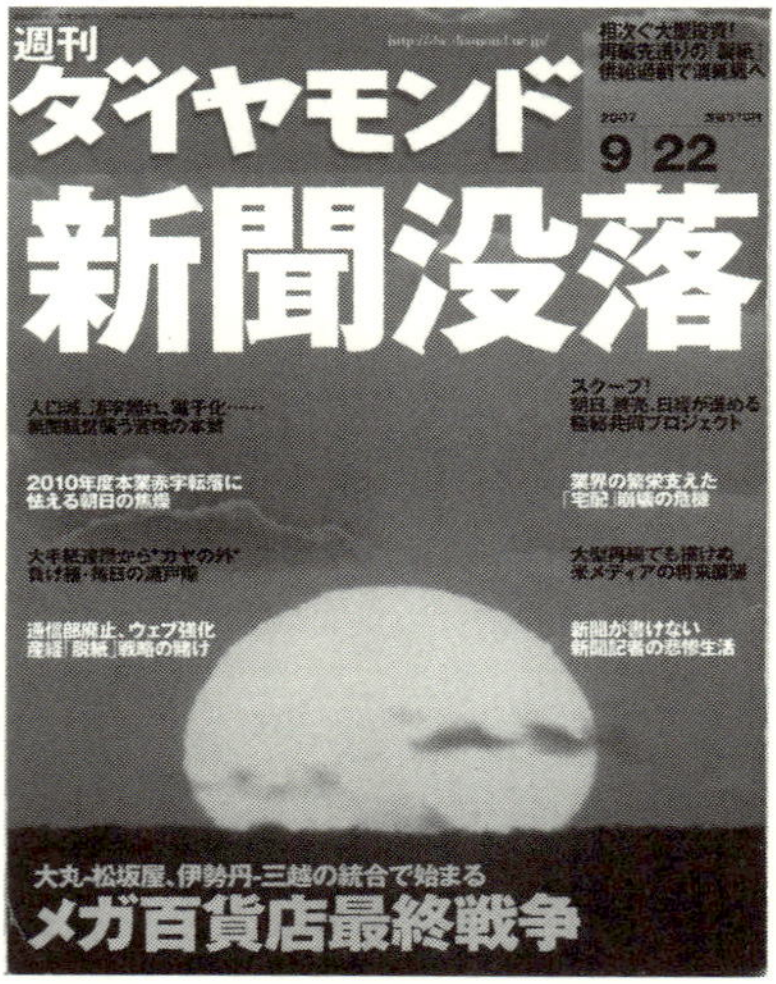

「押し紙」問題に踏み込んだ『週刊ダイヤモンド』(2007年9月22日号)

ない。

とはいえ、ABC調査の際、新聞社による報告部数と販売店における購読者の領収書数が合っているかも調査する。だが、同協会では新聞社に対し、調査の二日前に調査対象店を伝え、新聞社経由で販売店に調査の承諾を得ている。そのため調査の前日に徹夜で架空の購読者データを作る店が少なくないようだ。

「新聞没落」の特集が組まれた翌年にあたる二〇〇八年七月には、作家・真山仁氏の小説、「ザ・メディア　新聞社買収」の連載が『週刊ダイヤモンド』でスタートした。連載を前にしたインタビューで真山氏は、「新聞社が抱える闇とは何ですか?」という質問に対して次のように答えている。

　闇という表現が正しいかどうか分かりませんが、新聞社の実態は厚いベールに包まれている気がします。具体的な話は、いずれ物語の中で明らかにしますが、その闇はどうも想

『創』（2008 年 4 月号）

『SAPIO』（2007 年 11 月 14 日号）

像以上に深い気がしています。

真山氏は、NHKが制作したドラマ『ハゲタカ』の原作者である。真山氏の知名度は高く、短いインタビューであっても極めて強い影響力を持っている。『週刊ダイヤモンド』は、その著名作家に新聞批判を展開させたのである。

わたしは新聞販売の問題に本気で切り込もうとする編集方針を感じた。「押し紙」問題がようやくタブーの領域を突き破り始めたのである。

『SAPIO』も二〇〇七年一一月に「大新聞の『余命』」と題する特集を組んだ。この号にはわたしも「『世界一の発行部数』で販売・広告の巨利を得る『押し紙ビジネス』の終焉」と題する署名記事を書いた。さらに翌二〇〇八年一一月に同誌は、「ジャーナリズム大崩壊」と題する特集を組んだ。わたしは、「新聞業界最大のタブー　部数水増しの『押し紙ビジネス』がいよいよ崩壊する」と題する記事を書いた。

また、『週刊東洋経済』は、二〇〇九年一月に「テレビ・新聞陥落！」という特集を、二〇一〇年二月に「再生か破壊か　新聞・テレビ断末魔」という特集を組んでいる。これらの企画でも新聞販売問題を取り上げている。

メディア業界の話題を中心に誌面を編集している『創』も「押し紙」問題に関心を示すようになった。『創』は、毎年四月号で「新聞社の徹底研究」という特集を組むのが恒例になっており、二〇〇八年の特集では、見開き二ページを使って「押し紙」のグラビア写真を掲載した。本文では、わたしが「新聞界の暗部『押し紙』の実態」と題する記事を書いた。

二〇一〇年度の『創』の新聞社特集では「検察報道で批判を受けた新聞ジャーナリズムが直面した危機とは」と題する座談会が行われ、その中で桂敬一氏が「押し紙」に関連して次のように発言した。

部数もこれまでは対前年比で〇・二％～〇・五％減で済んでいた。しかし、二〇〇八年は一％、二〇〇九年は二％の減となった。今後は二～三％の減はまだよく、五％前後の減という年も出てくるでしょう。どこも無理して押し紙（実際には配達されず部数維持のために販売店に押し付けられている新聞）を出していますが、もう支えきれず、これを切り、紙代と印刷代を圧縮、コスト削減に向かわなければならない。だから一度減った部数が回復する見込みもない。おそらく三〜五年後には、部数は現在の一〇％〜二〇％減になる可能性すらあるのではないか。

二〇一一年度の新聞特集で行われた「新聞産業の危機とジャーナリズムの行方」と題する座談会でも、「押し紙」が議論の対象になった。たとえば原寿雄氏は次のように述べている。

部数の話が出るたびに思うのだけれど、元々、新聞協会が発表しているのは本当の部数じゃないわけですよね。いわゆる「押し紙」といって販売店に必要以上の部数が送られていた。それをなんとかしないといかんと思っている経営者は多いわけで、部数減のデータの中には、押し紙の調整も含まれているわけですね。

また、毎日新聞社の元常務取締役である河内孝氏も「押し紙」について、次のように発言している。

日本の場合、発行部数が減ったというのは、本当の読者が減ったのか、押し紙を調整したということか、難しいところがある。今年の一月に日経新聞の社内資料と称する、怪文書が出回った。東京本社を中心にした送り部数と実配数の一覧表が添付されて、朝刊の実配数が送りに対して八七%、夕刊が七七%で、換算すると公称三〇〇〇万部と言っているが、実態は二五〇〇万部程度だ、という内容なんです。

この真偽はともかく、興味深いのは、この文書に対する反応です。企業広報の人たちからは、「日経よ、お前もか」となるんですが、新聞業界では、「押し紙、わずか一六%か、さすが日経。他の新聞だと二〜三割はいってるよね」と感心する声が上がった。

このように第一次真村訴訟の福岡高裁判決が下ったころから、雑誌で「押し紙」問題が急激にクローズアップされてきたのである。

新聞社が焦ったことは容易に想像できる。それを物語るかのように読売は、二〇〇八年から一年半の間にわたしに対して三件の裁判を提起した。既に述べたように、わたしが読売から支払いを請求された金は、約八〇〇〇万円にもなった。

他の新聞社は読売のように裁判による攻勢こそかけてこなかったが、わたしに対する敵意をむき出しにした点ではかわりがない。たとえば読売が二〇〇九年七月に『週刊新潮』の記事で名誉を毀損されたとしてわたしと新潮社を提訴したとき、毎日新聞はわたしの肩書きを「自称フリーライター」として社会面でこのニュースを報じた。「自称フリーライター」とは、プロには値しない三流のライターという意味である。たとえ毎日の記者がみずからを報道のプロと自負しているとしても、同業者をさして「自称フリーライター」とは書かないのが普通だ。ましてそれを自社の社会面でやってしまったのだから、偽装部数問題の報道に対して、相当の怨恨があったに違いなかった。

また、ASA宮崎大塚（宮崎県）の北川朋広店主が自店を強制改廃されそうになり、わたしに助けを求めて相談してきたところ、二〇〇八年四月に朝日新聞社は北川氏に次のような念書をかかせた。

私　北川朋広の進退につきましては、一切、お任せいたします。
又、黒薮との関係は一切断ちます。五月一日に黒薮に連絡いたします。

さらに地方紙の元店主さんからは、販売局幹部が店主らを前に、「『黒書』なんかワシの手でつぶしてやる」と吐き捨てたという話も伝わっている。

雑誌も「押し紙」報道を自粛

このような新聞社の動きに雑誌も警戒するようになったのか、いつの間にか雑誌による「押し紙」報道が減ってきた。完全に消えたというわけではないが、「押し紙」問題はあまり取り上げられなくなった。出版社が新聞の闇と本気で戦うということは、自社の出版物が新聞の書評欄から閉め出されることを意味しかねない。新聞の公称部数に偽装部数が含まれているとはいえ、それでも新聞は依然として大きな影響力を持っている。その書評欄から閉め出されるということは、出版社にとっては大きな痛手だ。

「押し紙」報道の自粛は露骨なかたちで現れた。たとえば『週刊ダイヤモンド』誌上で連載された真山仁氏の「ザ・メディア　新聞社買収」は、二〇一〇年の夏に終了したが、不思議なことに二年以上が過ぎた現在も単行本化されていない。通常、週刊誌に小説を連載する場合は、連載終了後の単行本化がその前提になっているはずなのだが。もちろんダイヤモンド社が単行本として刊行するに値しないと評価した結果とも考え得るし、今後、刊行される可能性も皆無ではない。しかし、真山氏の知名度と力量からして、単行本化されないまま放置されているのは不自然だ。

『創』の新聞社特集からも、二〇一二年度を境に「押し紙」という言葉が消えてしまった。新聞産業について語るとき、偽装部数が存在しないことを前提にすると、議論の前提となる客観的事実の把握を誤ることになるので、議論そのものが無意味になるはずだが、そんな事には頓着せずに原寿雄氏や桂敬一氏が、「危機に瀕した新聞界の再生は可能か」という題目で議論を交わしたのである。

十勝毎日新聞の五店主

しかし、「押し紙」問題がかつてのように報道されなくなったことが、解決への道が閉ざされたことを意味するわけではない。事実、販売店訴訟は真村高裁判決の後も続発している。しかも、読売以外の社は、決して勝訴の軌道を取り戻しているわけではない。それどころか販売政策の誤りを認めざるを得なくなり始めている。

その典型的な例は、本書の1章で取り上げた山陽新聞の「押し紙」裁判である。これは「押し紙」裁判で初めて販売店が勝訴した例である。

また、話は前後するが、二〇〇八年一〇月には、南日本新聞の元店主が一方的な販売店改廃に伴って発生した損害を賠償させる裁判で勝訴している。賠償金は、約一六六五万円。その後、係争の舞台は控訴審に移ったが、二〇〇九年三月九日、南日本新聞社が原告の元店主へ三〇〇〇万円を支払うことで和解が成立した。実質的に販売店側の勝訴である。

さらに「押し紙」裁判で毎日新聞箕面販売所の杉生守弘氏が二〇一〇年に和解勝訴した。すでに述べたように、解決金は、推定で一五〇〇万円である。

最近の勝訴の例としては、十勝毎日新聞（北海道）の販売店主・坂本次郎（仮名）氏が起こした地位保全裁判がある。坂本店主は地裁では敗訴したが、高裁で逆転勝訴した。裁判所もかつてのように簡単に販売店を敗訴させることが出来なくなってきた証である。

この裁判の背景には、新聞産業が衰退する中で、新聞社が販売店の整理・統合に踏み切らざるを得なくなった事情がある。その意味で新聞業界の転換期を象徴する訴訟である。

十勝毎日新聞の発行部数は、二〇〇〇年ごろから頭打ちになり、紙面広告の出稿量が減少していった。その一方で、折込チラシの需要は逆に増えていた。

十勝毎日新聞社は、この点に着目し、販売店に対して折込チラシの手数料収入から一定の利益還元を求めようとした。

ところが店主らは要求には簡単に応じようとはしなかった。これに対して十勝毎日新聞社は、営業成績の不振などさまざまな理由をあげて、販売店の整理・統合を進めようとした。

整理・統合の「本部」となったのは、十勝毎日新聞社の子会社である十勝チラシセンター(以下、かちまいサービス)である。これは文字通り、折込チラシの代理店である。広告主から折込チラシを受注して販売店へ搬入するのが元々の職域だった。

ところが二〇〇四年の秋、かちまいサービスは販売店経営に乗り出す方針を打ち出したのだ。広告代理店が販売会社へと職域を拡げたのである。

札幌高裁の判決によると十勝毎日新聞社は、「帯広市内販売店を『ぬるま湯体質』から脱却させるためなどと称して、これからの販売店に関する基本的な考え方を記した」基本方針を発表した。基本方針により、営業成績の悪い販売店や後継者のいない販売店は、かちまいサービスに整理・統合されることになったのである。

新聞社が自社の販売会社を持つ最大のメリットは折込チラシの手数料を独占できることである。しかも、たとえ自社の販売会社に対して「押し紙」を強要してABC部数をかさ上げしても、身内同士の「連携プレー」であるから部数偽装の工作や折込チラシの水増しが外部に漏れるリスクがない（黒薮注：十勝毎日新聞が、これらの不正を働いているという意味ではない）。

しかし、販売店の整理・統合は、十勝毎日新聞の思惑どおりには進まなかった。店主らは簡単には改廃に応じない。調停などで解決したケースもあるが、訴訟も起き始めた。

坂本氏が提起した地位保全裁判の他にも、四人の店主がパワーハラスメントに対する慰謝料請求を求める裁判を起こした。この裁判は後に坂本氏の地位保全裁判と統合された。

坂本氏は地裁では敗訴して販売店を失ったが、すでに述べたように札幌高裁で逆転勝訴した。

十勝毎日新聞社が坂本氏に対して持ち出してきた改廃理由は次のようなものだった。

①店主不在の販売店経営
②減り続ける実配部数
③購読料の自動振り替え率の低迷
④苦情件数の多さ
⑤販売店主としての資質不足
⑥被控訴人との信頼関係の破壊

⑦被控訴人に無断で第三者に対し業務を委託したこと
⑧配達員の越境配達
⑨四度に及ぶ業務改善・報告命令の発令

①から⑨の事柄は、これまでの販売店訴訟でもたびたび登場してきたものだった。新聞社が常套手段として持ち出してくるパターン化された理由である。

しかし、札幌高裁はいずれも改廃理由としては認めなかった。

札幌高裁は他店の経営実態とかちまい北部の経営実態を比較することで、稲川氏の手腕が特に劣っているとは言えないと判断したのだ。さらに慰謝料請求も認めた。金額は八〇万円だった。係争が引き金となって反応性抑うつ状態になったからである。

地位保全裁判で慰謝料が認められたのは、わたしが知る限りでは、真村裁判に続いて二件目である。ただ、その他の四店主が請求していた慰謝料請求については認められなかった。

京都新聞の「押し紙」裁判

本書を執筆している二〇一二年に入ってからも、新しい販売店訴訟が起きている。西日本新聞の元店主が起こした裁判と、京都新聞の元店主が起こした裁判である。いずれも「押し紙」による損害賠償を求めたものである。

このうち京都新聞の元店主は、過去の「押し紙」裁判における販売店の敗訴原因を理解した上で、周到な準備をして裁判に臨んでいる。新聞社が新聞を押し売りした証拠を示さなければ勝訴できないことを熟知した上で提訴したところに新しい特徴がある。

原告の今江茂樹氏は、父親の後を受け継ぐかたちで一九八八年九月に比叡平販売所（滋賀県大津市）の店主になった。その後、二〇〇四年一月に北白川販売所（京都市）の経営も引き受けた。しかし、二〇一一年八月末で自主廃業した。偽装部数の負担に耐えかねたのである。

京都新聞社は販売店に対して新聞の部数内訳を報告する義務を課していなかった。しかし、今江氏は、自分が希望する注文部数を記した書類を作成して、それをＦＡＸで送りつけた。偽装部数を排除するのが目的だったが、京都新聞はそれを無視して過剰な新聞を搬入し続けた。

販売店が自分で注文部数を決めて新聞社に通知することを京都新聞は極端に嫌ったようだ。今江氏は呼び出しを受けて注意されたこともあるという。補助金のカットをほのめかされたこともあるという。そして実際、最終的に自主廃業へと追い込まれたのである。

今江氏が定数報告書を保管していたことは言うまでもない。そして廃業した後に、裁判でそれを持ち出してきたのである。

次に示すのは、二〇一一年度の一月から八月の部数内訳である。今江氏が決めた注文部数は定数報告書から転記した。また、搬入部数は、新聞代金の請求書から転記した。さらに両者の差異も示した。いずれも今江氏が経営していた二店の数字を合計したものである。

荷台に残紙を満載したトラック

	注文部数	搬入部数	偽装部数
一月	四四九五	六〇一五	一五五六
二月	四四九五	六〇一五	一五五六
三月	四四九五	五八六〇	一四〇一
四月	四四三九	五八六〇	一四二一
五月	四三九〇	五七八〇	一三九〇
六月	四三九〇	五七八〇	一三九〇
七月	四三九〇	五七八〇	一三九〇
八月	四三八〇	五七八〇	一三九〇

差異の数字が偽装部数である。京都新聞社が注文部数を超えて搬入した部数である。「押し紙」率にすると、三〇％から三五％ぐらいになる。

繰り返しになるが、今江氏は例外的に虚偽報告をしなかった。自分が必要と考える部数を報告して注文部数としていたのだ。それにもかかわらず京都新聞社は、それ以上の部数を搬入していたのである。

裁判所が公正な判断をすれば、京都新聞社は損害賠償を命じられる可能性が極めて高い。雑誌ジャーナリズムが「押し紙」報道を自粛する状況が生まれているとはいえ、地方紙を被告とした裁判では、徐々にこの問題にメスが入り始めているのである。

一方、西日本新聞を被告とする「押し紙」裁判では、第一回の口頭弁論から興味深い動きがあった。被告席に西日本新聞の二人の弁護士に加えて、読売の販売店訴訟を担当してきた三人の弁護士の姿があったのだ。近藤真、堀哲郎、住野武史の三氏である。新聞の拡販競争では、ライバル関係にある両社であるが、「押し紙」問題では、共同歩調を取らざるを得なくなっているのである。

ダラス・モーニング・ニュースの勇気

「押し紙」は独禁法に違反し、折込チラシの水増しは刑法上の詐欺に該当する。たとえ新聞社の論法に沿って、「押し紙」は一部も存在しないとしても、「積み紙」が存在することは紛れもない事実である。それが公称部数の偽装を生み、国民を欺く温床になっていることは言うまでもない。

それにもかかわらず公取委や警察は、社会正義という観点から、徹底した取り締まりを断行したことがない。「押し紙」回収業が一大産業として成立し、結果として膨大な資源の無駄遣いが持続しているにもかかわらず放置してきた。

このような現象の背景は、政府をはじめとする公権力によるメディア対策という観点から推測できる。たとえばある新聞社が政府のスキャンダルを暴くキャンペーンを始めたとする。これに対して政府は、公取委や警察に働きかけで、偽装部数問題や折込チラシの水増し問題の摘発に乗り出すかも知れない。

つまり政府は新聞業界の偽装部数を故意に黙認することで、新聞社の汚点を握り、新聞報道をコントロールできるのだ。と、言うのも偽装部数問題を摘発すれば、新聞社は計り知れない打撃を受けるからだ。

日本の新聞ジャーナリズムが著しく衰退していることは、現在ではほぼ共通した認識になっている。しかし、大半の識者は新聞記者に職能が備わっていないことがその原因であると考えている。あるいは記者が心情的に政府よりだからと考えている。それゆえに新聞記者が記者魂を取り戻し、より深い見識を備えれば、新聞ジャーナリズムは再生できると主張する。

しかし、偽装部数に象徴される新聞社経営の汚点が広がっている状況の下で、公権力を批判することは自殺行為に等しい。偽装部数も折込チラシの水増しも処罰の対象になるからだ。

こうした状況の下で新聞社は、公権力と手をたずさえて生き残りをはかる以外に選択肢はない。公権力もそれを望んでいる。と、言うのも宅配制度により新聞が日本の隅々まで行き渡っているので、新聞業界をコントロールすれば、世論誘導が極めて容易になるからだ。

政府は偽装部数という新聞社の決定的な汚点を握っていなければ、新聞ジャーナリズムを自分たちの陣営に引き込むことはできないだろう。それゆえに偽装部数問題を放置してきた。

こんなふうに考えると、新聞ジャーナリズムの再生のためには、記者の能力の低さを嘆き、罵倒するよりも、経営上の汚点を払拭することが第一条件になる。実行に移すべきことは、新聞社の内部から、偽装部数を排除する声を挙げることである。それが新聞ジャーナリズムを再生する第一歩である。

だが、それは決して実現性のない理想論ではない。ジャーナリズムの王国には、過去の失敗を反省して報道の魂を取り戻した例が実際にあるからだ。たとえば米国テキサス州の日刊紙『ダラス・モーニング・ニュース』は、一九八〇年代の半ばにライバル紙の『タイムス・ヘラルド』紙から、発行部数の水増しで告発されたことがある。二〇〇四年になって同社は、日曜版を一一・九％、日刊紙を五・一％水増ししていたことを公式に認め、広告主に二三〇〇万ドルを払い戻したのである。これが新聞社本来の姿である。日本の新聞社との違いにほかならない。

日本の新聞社には社運をかけて、公権力と対峙しようという姿勢がない。新聞の偽装部数問題にしても、実は新聞記者が力を合わせて内部告発しなくてはならない問題なのだ。ジャーナリズムを殺して新聞社が生き残っても、まったく無意味ではないだろうか。

特別寄稿　黒薮VS読売訴訟の本当の勝者とは?
メディアの失ったものの大きさを思う

吉竹幸則（フリージャーナリスト・元朝日記者）

フリーランスの記者、黒薮哲哉氏に読売側が仕掛けた名誉毀損訴訟。最高裁は異例の逆転判決で、読売側を勝訴させた。新聞界にとってタブーとも言える押し紙問題。その批判を続ける黒薮氏は、確かに読売だけでなく他の新聞にとって、目の上のたんこぶには違いない。でも、新聞界は黒薮氏の敗訴を喜んでばかりではいられないはずだ。「表現の自由」を巡るメディアと国家権力・裁判所の攻防……。その歴史を忘れてもらっては困るのだ。

読売の提訴をいいことに、この逆転判決で最高裁・国家権力は、さらに「表現・報道」を厳しく縛る陣地を広げた。勝訴したのは、実は読売でなく権力側ではなかったのか。この判決は今後、「表現・言論・報道の自由」にとり、大きな脅威になるだけではない。訴訟多発社会を誘発する恐れもある。逆転判決した最高裁・国家権力の狙いは何だったか。ジャーナリズムの失ったものの大きさを改めて考えてみたい。

本書で、黒薮氏は、自らに向けられた読売側からの裁判攻撃について詳しく書いている。おさらいだが、最高裁逆転判決が出された訴訟の経過を振り返ってみよう。

二〇〇八年三月、福岡県久留米市で起きた読売の新聞販売店改廃にからみ、折込広告代理店の社員が翌日の新聞で配る予定になっていたチラシを持ち帰った。黒薮氏はこの行為について、自らのサイト「新聞販売黒書」に比喩的表現で「窃盗に該当し、刑事告訴の対象になる」と書き、その理不尽さを訴えようとしたのが発端だと、本書で述べている。

だが、チラシは折込広告代理店が店主の同意を得て、持ち出したものだった。読売側は、その言葉尻を捉え、「事実誤認で『窃盗』には該当しない」と、名誉毀損で黒薮氏に二二三〇万円（後、控訴審で減額）を支払うよう求め、提訴した。

しかし、これも本書にあるように、さいたま地裁の一審（二〇〇九年一〇月）と東京高裁の二審（二〇一〇年四月）は、読売側の請求を認めず、黒薮氏の勝訴で終わった。一、二審とも、「記事の一部は、事実に反する」と認めた。だが、読んだ人が、「読売側が『窃盗』をしたと誤解する可能性が少なく、読売に実質被害が出た形跡もない」として、一九五四年最高裁判例に基づいて「名誉毀損の成立までは認められない」と判断したためだ。

「表現・報道の自由」にとって大きな問題だから、一、二審の判断根拠となった一九五四年最高裁判例について、少し詳しく見てみたい。

判例では、「記事の意味する内容が他人の社会的評価を低下させるものであるかどうかは、一般読者が普通の注意と読み方を基準に判断とすべき」としている。つまり、相手側の社会的地位低下を招くほどの名誉毀損・不法行為が成立するか否かは、記事中の断片的な事実誤認など言葉尻だけを捉えるのではない。前後の文脈、記事全体の趣旨, 記載内容、体裁、社会的反響などを総合的に考慮して、判断する必要があるというものだ。

名誉毀損訴訟の基本的な判断基準として長く定着するとともに、原告、被告双方が様々に解釈し、法廷論争を繰り広げてきた。最近では、記事中のわずかな言葉尻を捉えてでも提訴。自分たちに都合の悪いことを書こうとする記者・報道機関に圧力をかけようとするスラップ（恫喝）訴訟がますます多発している。この判例はこうした訴訟に歯止めをかける最後の砦、防波堤として、一定の役割を果たして来たのは確かだろう。

さいたま地裁の一審では、黒薮氏の記事について、この判例に照らし、詳細な具体的検討をしている。「チラシを持ち帰った」という行為は、販売店主の了解を得ており、「窃盗」には当らない。黒薮氏の記事は、犯罪行為を構成するとの印象を抱かせることは否定出来ず、「読売側の社会的評価を低下させる事実の適示には該当する」と判断、黒薮氏の「『窃盗』は比喩的表現」との主張は認めていない。

しかし、①「窃盗」の表現は、記事二二行中二行に過ぎない。②記事は、押し紙を拒否した新聞販売店に対し、読売側が一方的に取引の停止を通告したことを公表。その責任を指摘するものので、犯罪行為の糾弾が目的ではない。③黒薮氏のサイトは、新聞社の押し紙を批判することにもともと主眼がある。「窃盗」の表現で、このサイトの読者は読売側が犯罪行為をしたと考える可能性は高くない。④黒薮氏は、記事掲載から二四日後にサイトで経緯を説明、記述を改めている。⑤サイトへのアクセスは、一日五〇〇から六〇〇件で、この記事の閲覧はさらに少ないと考えられる。⑥黒薮氏は、記事掲載の翌日、読売側に「記事への反論をサイトに掲載する」と連絡し、反論の機会を与えている。⑦記事により、読売側に苦情、抗議が寄せられたことは、証拠上も見当たらない――と判断。

その上で、黒薮氏の記事について、「『窃盗に該当する』との表現は不適切のそしりは免れない。でも、読売側の社会的評価を、事後的補てんを必要とするほど低下させた不法行為があるとまでは言えない」と結論付け、読売側を敗訴させた。

二審の東京高裁も、ほぼ一審判決を踏襲、読売の控訴を棄却した。そのことからも、これまでの判例解釈に沿っても、一審判決は決して突飛ではなく、妥当な判断であることが窺える。だから黒薮氏も本書で述べているように、この程度の裁判・判決なら、読売側が上告しても最高裁は棄却し、そのまま確定すると見ていたのだろう。

ところが、最高裁はこの一、二審判決をわざわざ破棄、東京高裁に異例の差し戻しをした。そこに最高裁・国家権力がこの訴訟を利用し、「表現の自由」を制限、名誉毀損の成立を幅広く認めることで、今後、報道・表現を強く規制、縛りを掛けようとする並々ならぬ強い意図が読み取れるのだ。

本年三月、逆転判断をした最高裁判決をもう一度、振り返りたい。

この判決で最高裁は、「記事の意味する内容が他人の社会的評価を低下させるものであるかどうかは、一般読者が普通の注意と読み方を基準に判断とすべきものである」として、一九五四年最高裁判例を一応、踏襲した形態はとっている。

しかし、①黒薮氏の記事は、「チラシを販売店の了解なしに持ち去った」と一般読者に誤解され、読売側の社会的評価を低下させる。②チラシ会社が販売店の了解のうえで持ち去ったのが事実。記事は真実でなく、真実であったと信じるに足る相当の理由もない——と判断。一、二審のように前後の文脈との関係などには一切触れていない。そして黒薮氏のほんの一部の事実誤認をもって、「事実でないことを掲載した黒薮氏の記事は、名誉毀損の不法行為がある」と、ごく簡潔に書いただけで、一、二審判決を覆した。

つまり、最高裁はこの逆転判決で、文章のごく一部にでも事実に反するところがあれば、一九五四年判例に基づいたとしても、名誉毀損が成立すると認めたのだ。

これまでより格段に不法性を幅広く認めるこの逆転最高裁判例は、今後、下級審を縛る。黒薮氏の記事だけでなく、一般の報道記事の中に、一ヵ所でも事実に反するところがあれば、実際に名誉毀損の成立を認めるかどうかは、適当に理屈付けすれば、裁判所・裁判官の裁量権、腹次第ということになってしまう。

事実、東京高裁の本年八月の差し戻し審判決（加藤新太郎裁判長）では、「記事の内容は、読売が従業員に窃盗をやらせる会社と誤信させ、多大な精神的苦痛を受けたと認められる。読売側に業務上の支障が生じたとまでは言えないことなどを総合考慮しても、無形被害がある」として、最高裁逆転判決を踏襲。黒薮氏を敗訴させた。黒薮氏も怒る通り、損害賠償として個人としては異例の高額の計一一〇万円を読売側へ支払うように命じられている。

さらに差し戻し判決では、①黒薮氏は、記事掲載に際し、販売店側の話も聞いておらず、重大な過失がある。②「窃盗に該当」は事実でなく、読売側を犯罪者扱いし、歪曲的な事実適示とも言えない。③サイトの情報は不特定多数に閲覧され、掲載期間の長短、アクセス数により、程度の差があっても、一度損なわれた名誉の回復は容易でなく、サイト上の反論で回復が図られる保証はない。④サイトの情報の特徴は、他に容易に転載可能で不特定多数に閲覧されることにある。名誉毀損上、その特徴の斟酌は必要。⑤読売は新聞という媒体を持っているにしても、サイトでの名誉毀損に新聞で反論するのは適切でない。⑥黒薮氏は、「読売として、状況を説明して欲しい。サイトに全文を掲載する」とのメールは送っている。しかし、記事を掲載したことに言及がなく、反論の機会を与えたとは言えない。⑦仮にサイトに反論文を送ったとしても、どう扱われるかは不明。名誉毀損された側が反論要求に応じなければならない道理もない――と、一、二審とは全く正反対の理由を付け加えた。

健全で公正・公平な社会を実現するためには、規制に縛られない情報提供、言葉による権力監視機能が不可欠だ。報道機関は、常に保護を強く求めて来たのが「表現・報道の自由」である。しかし、メディアの権力批判をかわすため、「表現・報道の自由」を少しでも制限したい勢力は、「名誉毀損」訴訟で対抗してきた。その攻防、対立の構図は、国内というよりも、むしろ海外で多くの歴史がある。

すべてを語るのは、私の能力にあまる。ただ、「事実誤認」と「名誉毀損」との関係は、米国での議論が広く知られている。「表現の自由」を重視する人の側が依拠する代表的な論理は、一九六四年の合衆国最高裁が出した「現実的悪意」の法理（詳しくは松井茂記・大阪大名誉教授著『マス・メディアの表現の自由』日本評論社参照）だろう。

誤解を恐れず、この法理をごく分かり易く説明したい。

権力者の暴走を防ぐためには、様々な角度、多数・多様なメディアによる報道がなされ、多くの人が監視出来る社会的環境が整っていなければならない。それには、真っ当で、当然「保護」されなければならない報道を「保護」するだけでは十分でない。本来は「保護」されるべきか微妙ないわゆる「灰色」、限界ぎりぎりの報道まで、「保護」されなければならないというものだ。

そうでないと、細かな事実誤認や若干適切さを欠いた表現など、言葉尻を権力側に捉えられ、名誉毀損で訴えられることを人々は恐れる。結局、権力批判の委縮を招き、本来の意味での報道や人々の言葉による「表現の自由・権力監視」が空洞化してしまうからだ。
「表現・報道の自由」は、社会の健全性を保つためには不可欠の権利である。むやみに裁判で名誉毀損の成立を認めてしまっては、「表現の自由」が阻害され、権力者の横暴を招く。社会の健全性確保の比較考量からも、その成立には出来る限り抑制的でなければならないとの考えに根差している。

国内の訴訟でも、報道機関が記事の言葉尻を捉えられ、相手側に名誉毀損訴訟を起こされた時には、この論理で対抗することが多い。

黒薮氏の裁判でも、最初の一、二審裁判官が読売側の訴えを退けた理由は前述の通りである。つまり、「実質的悪意」の法理の考え方を下敷きに、黒薮氏の記事で、本当に読売側が傷つけられるほどの実質被害があったのか。ないなら、読売は報道機関であり、様々な方法で自ら汚名を晴らすことは出来たはず。「表現の自由」を制限してまで、読売への損害賠償を認めるほどではない——と、裁判官が名誉毀損の成立を抑制的に考えた結果と言えるだろう。

確かにデッチ上げで人を貶めようとする、恣意・悪意に満ち溢れた中傷記事も散見される。対抗手段として起こされる名誉毀損訴訟のすべてを、筆者も否定するつもりはない。しかし、そんな記事には、「記事全体の意図・流れから、名誉毀損の成立を総合判断する」との一、二審判決のような従来の最高裁判例解釈で、十分社会的に排除をすることは可能だ。

だからこそ逆に、黒薮訴訟はわざわざ一、二審判決・従来の判例解釈を覆しての最高裁逆転判決だということを注意して見てみる必要がある。

正直、一九五四年最高裁判例があっても、それをどう解釈し、名毀毀損の成立をどこまで認めるか。定まった基準があるようには見えない、ケースバイケース、裁判所・裁判官の判断は、これまでも千差万別だ。

ただ、この国には報道・言論が厳しく抑圧され、国民に知らされないまま、悲惨な戦争に進んでいった忌まわしい歴史がある。唯一、傾向的に言えることは、その反省に立ち、戦後のある時期まで下級審を中心に、名誉毀損成立を抑制し、「表現・報道の自由」を出来るだけ保護していこうとの考え方が支配的だったことだ。黒薮氏への一、二審判決も、そうした下級審裁判官の伝統的な考え方が見て取れる。

しかし、戦争体験の風化により、権力側は国家による言論統制を目論み始める。一つは、人々の「プライバシーを守る」などの名目で、報道表現を制限していこうとするメディア規制の各種法制定の動き。もう一つは、最高裁の主導により、これまでより幅広く名誉毀損の成立を認め、裁判所による言論監視、言葉狩りを可能にしていこうとする流れだ。判例が千差万別なのも、裁判所の中で二つの考え方が相克してきた結果と言っていいだろう。

だが、権力側は常に狡猾だ。過熱報道などメディア批判が強まっている時期を狙って、国民世論を自分たちの味方につけ、法制度も判例でも、「表現の自由」を出来る限り狭め、報道規制の陣地をじりじり広げて来た。黒薮氏に対する最高裁の逆転判決は、その流れ中での象徴的なものの一つと言わざるを得ない。

何故なら、押し紙問題は、新聞界共通の恥部でもある。黒薮氏の押し紙批判記事を止めたいばかりにメディアの一角の読売側が、これまでメディアが守ろうとしてきた「実質的悪意」の法理とは、全く逆の論理を展開しているのが、この裁判の特徴だ。それでなくても報道表現に縛りをかけたい最高裁・国家権力にしてみれば、千載一遇のチャンスと捉えたとしてもおかしくはない。読売側の主張にそのまま乗るだけで、実質被害が証拠上ないものにまで名誉毀損成立の余地を、これまでより格段に幅広く認めていけるのだ。

読売に限らず多くの新聞も、黒薮氏の「押し紙」批判を封じたいのが本音だ。この訴訟で、最高裁がどんな無茶な論理でも読売側を勝訴させ、黒薮氏を黙らせるなら、どこの新聞も文句は言わない。少なくとも、「表現・報道の自由を侵害し、戦前に逆戻りする反動的な不当判決」などと、紙面を使った大々的な批判報道がされる心配はない。その読みも、もちろんあったはずだ。

案の定、その目論見はまんまと当たった。国家権力・最高裁は、実質被害がなくても、ネットだけでなく一般のマスコミ報道でも、言葉尻のわずかな事実誤認を捉え、幅広く名誉毀損の成立を認める判例を何ら抵抗されることもなく、作り上げた。下級審に知らしめることで市民権を与え、名誉毀損成立の垣根を高くしている従来の判例解釈を淘汰していくことに成功した。勝訴したのは読売側でなく、実は国家権力そのものだと、私が考える理由はそこにある。

今回の最高裁逆転判決の危険性は、それだけではない。最高裁が名誉毀損成立の余地を広げる判断を、正式な判例変更手続きも取らず、なし崩しでしたことだ。正式な判例変更によって明確な判断尺度が示されていれば、基準の是非について、社会的な議論も出来る。今後の対処方法もある。

しかし、基準が明確でないままだと、文章の一部にでも小さな事実誤認があれば、あとは名誉毀損の成立を認めるか否かは、裁判官の腹次第で判断されてしまう。裁判官の裁量権、恣意的な意図の働く余地がこれまで以上に大幅に広がれば、名誉毀損で訴えられた方は、従来の常識が通用しない。裁判官の顔色を見て、判決が出るまでビクビクせざるを得ない。

事実、黒薮訴訟で、一、二審の裁判官は記事全体を客観的に眺め、一九五四年判例に沿って「名誉毀損までは成立しない」との判断を下したはずだ。ところが最高裁逆転判決を経た差し戻し控訴審では、同じ記事を同じ判例基準に基づいているはずなのに、全く逆の判断をした。黒薮訴訟は、裁判官の恣意的な意図、腹次第で、どうにでも判断を左右出来ることを如実に示した例でもあるのだ。

国家権力に対し都合の悪い記事を書いて来た報道機関や筆者なら、今まで以上に怯えざるを得なくなるだろう。黒薮氏のように文章の中に一ヵ所でも些細な事実誤認があれば、少し筆が滑った程度のアラも探し出される。誰かに訴訟を提起されれば、権力寄りの裁判官なら恣意的に、記事、筆者・報道機関を断罪する可能性が高くなる。

つまり、国家権力・裁判所は、名誉毀損訴訟の場を借りて、権力監視をする報道記事中の一つ一つの言葉について実質上、検閲していけるのだ。戦前、治安維持法によってなされていた国家権力による言論統制・検閲・言葉狩り。これからは名誉毀損訴訟を利用して、なされないという保証はどこにもない。

黒薮氏も言うように、組織のバックを持たない個人のフリーランスの記者は、訴訟が起こされるだけで、大きな負担だ。まして高額の賠償金の支払いを命じられれば、それだけで記者活動が止められ、社会的生命さえ抹殺される。

実は最近、黒薮氏に限らず、立場の弱いフリーの記者を狙い打ちするスラップ（恫喝）訴訟が相次いでいる。一般人が裁判を起こすのは、訴訟・弁護士費用を考えると大変な負担だ。しかし、権力者やお金持ち、つまり「強者」なら、訴訟はいくらでも起こせる。こうした人たちが記事で批判されたら、筆者を黙らせるために、記事の一部の表現に因縁をつけてでも起こすのが、このスラップ訴訟と言われるものだ。

黒薮氏も本書でこの裁判も含め、読売側から三件の訴訟を提起され、請求金額は計約八〇〇〇万円に上ると、明らかにしている。背景には、黒薮氏を黙らせてしまいたいとの読売側の意図が見え隠れする。

震災・原発報道で、「既成メディアは、実は何も人々に知らせてはいなかったのではないか」と、その限界性が指摘され、ネットメディアの活動に期待も高まっている。その報道を担っているのが、黒薮氏のようなフリーの記者だ。この判決はそうした人たちを直撃し、活動を萎縮させる。

黒薮氏が読売側へ支払わされた賠償金は、一一〇万円だ。個人のフリー記者にとり、あまりにも高額だったことにも、触れておかねばならない。

最近、名誉毀損の賠償は高額化する傾向にはある。確かに名誉毀損承知で、賠償が少額なら雑誌を売って儲ける方が得と、露骨な記事・写真を載せる一部雑誌の存在も影響している。ただ、そうした雑誌への世間の批判を利用し、報道機関に圧力をかけたい政治家が、賠償の高額化を法務省・裁判所に働きかけて来た経緯も無視出来ない。

劣悪な一部雑誌への抑止力のため、賠償を高額化するなら、多くの部数を売って儲ける一部出版社にのみ限るべきだ。黒薮氏のようなアクセス数も少ない個人のサイトに、こんな高額を正当化する理由は見当たらない。そこには、フリーの記者に高額の賠償をさせ、記者生命まで奪ってしまおうとの、権力側の不純な意図が働いているとしか、言いようがないのだ。

また、読売をはじめとした新聞各社にも、黒薮氏の押し紙批判にブレーキがかかるからと言って、この判決を手放しで喜んでばかりいていいのかと、くぎを刺しておきたい。

実は、私は朝日新聞記者当時、無駄な公共工事の典型・長良川河口堰報道で旧建設省のウソを暴く記事を理不尽にも上司に止められた。記事にするよう編集局長に異議を申し立てたところ、その報復で記者の職まで剥奪。読者からの苦情を処理する広報室長に五年以上、追いやられた経験がある。それに絡む訴訟は拙書『報道弾圧』（東京図書出版）に書いた。ここでは割愛するが、広報室長を長く務めた私は、新聞社が記事の間違いを読者から指摘されたら、どう対処するか。その実務には、精通している。

私も、黒薮氏の記事に一部事実誤認の非があることは否定しない。しかし、新聞社のどんな優秀な記者でも、たまたまの取材不足や不注意によるミスは、どうしても出る。現に読売も、二〇一二年一〇月に、ｉＰＳ細胞臨床応用報道で誤報を出している。

当事者から抗議があれば、まず、間違いか否か、社内で調査し、間違っていたら、その原因を究明、関係者に直接説明して、詫びを入れる。名誉毀損訴訟を回避するためにも、「お詫び」や「訂正」の記事を掲載して読者に事実誤認を知らせ、何とか相手の理解を得て、解決を図る。処理方法に、朝日も読売もそう大差はないはずだ。

つまり、新聞社にとって、記事の間違い、読者の苦情に対して「訂正・お詫び記事」によって解決していくのは、基本中の基本なのだ。もし相手が記事の間違いに対し、訂正記事の掲載すら求めて来ず、問答無用、いきなりの名誉毀損訴訟が多発するなら、読売も含め報道機関にとり、実務上も大きな負担になる。報道現場の委縮を招き、「報道の自由」の障害になる。黒薮氏が切りつけられた刃は、次に自分たちにも向けられる。

弁護士人口の急増により、弁護士の仕事不足も深刻になっている。この社会的背景にも注意する必要がある。何故なら、名誉毀損の成立がこれまでより格段に幅広く認められ、しかも賠償が高額化していれば、報酬も増える。仕事のない弁護士が「強者」の資金力を当てにして、こうした名誉毀損訴訟に群がりかねないからだ。

自己保身が人一倍強いのが、日本の報道機関・経営者だ。米国並みの訴訟多発社会になるなら訴訟を恐れ、米国以上に自己規制・抑制が強まることは覚悟しておかなければならない。「表現・報道の自由」にとって、大きな脅威に留まらず、国民の「知る権利」も危機にさらされる。

報道機関の論調は多様であってしかるべきだ。読売の主張にも耳を傾けることが多いことも、私は承知している。しかし、それも「自由な言論」があってのこと。読売もその点は否定しないだろう。

日本出版労連も、読売の提訴や最高裁判決に対し、「あくまで言論で対処するのが、出版人のプライド。恫喝めいた訴訟がまかり通るようになれば、自由闊達な言論活動が定着しません。それが日本の文化水準を押し下げることは言うまでもありません」との抗議声明を出している。

読売は、自らの記事の事実誤認には、「訂正・お詫び記事」掲載で対処している以上、黒薮氏の事実誤認に対しても、まず抗議して、黒薮氏のサイトに「訂正・お詫び記事」の掲載を求めるのが報道機関としての筋だろう。黒薮氏の押し紙批判を止めたいばかりに目がくらんだとしたら、情けない。自らの提訴が藪蛇となり、「表現・報道の自由」の陣地をますます狭くした読売の罪はジャーナリズムにとって決して軽くない。

ネット上でつぶやく一般の人たちも、少なからずこの判決の影響を受ける。「人を見たら、泥棒と思え」「あんた、詐欺師か」などの言葉はよく投稿される。だが、今後この最高裁判例なら、「犯罪者扱いされた」と訴えられた場合、高額の賠償金を支払わなければならない事態さえ、ないとは言えないからだ。

実際に、高額の賠償金を払わされるか否か。これもすべて裁判官の裁量権、つまり腹次第なのだ。権力側に都合の悪いことを書いている投稿者に対し、誰かが名誉毀損訴訟で狙い打ち。裁判官が呼応する判決を出し続ければ、ネットでの「表現の自由」にとり、大きな脅威になる。戦前社会以上に人々の発する「言葉」の是非を、国家・裁判所が根こそぎ握ってしまう。

私が記者生命を奪った朝日に対して起こした不当差別訴訟。裁判所は、取材途中の結果と最終的な取材成果との時系列を入れ替える、意図的なデッチ上げ認定をした。その結果、「取材不足があったから、記事にはならなかった」として、編集局長に異議を唱えた私の行為の正当性を認めず、朝日を勝訴させた。それも、一審から上告審まで私が求めた事実審理や本人尋問すら一切をせずに……である。

もちろん、私が書こうとした記事に全く取材不足はない。しかし、裁判所が、記事を差し止め、私の記者生命まで奪った朝日の行為の不当性を認めてしまうなら、今後、私のように報道弾圧を受けた記者からの訴訟が多発する。戦前同様、新聞経営者を抑えての報道弾圧の道を開いておきたい国家権力・裁判所としては、報道弾圧した朝日の経営者を敗訴させるわけにはいかなかったのだろう。事実審理をしてしまったら、私は取材不足のない証拠をいくらでも出す。だから審理も拒否し、敢えて恣意的な事実誤認に手を染めた。

司法は、国民の「知る権利」「表現の自由」、ひいては「報道の自由」を制限する方向に、急速に舵を切っている。黒薮訴訟でも私の訴訟でも共通するのは、報道弾圧に加担する側の主張ならすんなり受け入れ、勝訴させたと言うことだろう。そのためなら、強引な逆転判決やデッチ上げ……、何でもやるのである。

読者の新聞離れが激しい。確かに押し紙問題は、新聞社にとり恥部である。触れられたくはないだろう。でも、黒薮氏を黙らせるために、読売がジャーナリズムが最も大事にしなければならない「表現の自由」と引き換えにして良かったとは思わない。「販売現場の苦労を知らないきれいごと」との批判を受けようとも、少なくとも編集出身の私は、そう言うしかない。

この国の裁判所・国家権力は、黒薮訴訟の「こっそり最高裁逆転判決」で、言葉尻の些細な事実誤認にまで名誉毀損を認定出来る幅を広め、報道や人々の一つ一つの言葉の端々まで検閲する権利を手に入れた。朝日を勝訴させた私の「デッチ上げ判決」では、記者がどんなに抵抗しても経営者を抑えこみ、戦前同様の報道弾圧社会再来の道を切り開いた。

二つの判決・判例が定着、報道弾圧社会が常態化すれば、この国の民の目・耳が塞がれ、発する言葉が不自由になる。そうなって初めて、あの二つの判決が、転換点だったと気づいてみても、もう遅い。

《筆者紹介》　吉竹幸則（よしたけ・ゆきのり）

フリージャーナリスト。元朝日新聞記者。名古屋本社社会部で、警察、司法、調査報道などを担当。東京本社政治部で、首相番、自民党サブキャップ、遊軍、内政キャップを歴任。無駄な公共事業・長良川河口堰のウソを暴く報道を朝日から止められた。編集局長に異議を申し立てた報復で記者の職を剥奪され、名古屋本社広報室長を経て、ブラ勤に至る。記者の「報道実現権」を主張、朝日相手の不当差別訴訟は、戦前同様の報道規制に道を開く裁判所のデッチ上げ判決で敗訴に至る。その経過を描き、国民の「知る権利」の危機を訴える『報道弾圧』（東京図書出版）著者。

読売「押し紙」損害賠償請求裁判の差し戻し控訴審判決に抗議する声明

日本出版労働組合連合会　中央執行委員長　**大谷　充**
出版ネッツ　執行委員長　**金廻寿美子**

東京高裁の加藤新太郎裁判長は、八月二九日、読売新聞西部本社と社員三人が黒薮哲哉氏（出版フリーランスのユニオンである出版ネッツの組合員）に対して起こした名誉毀損裁判で、一一〇万円の支払いを命じる判決を下しました。わたしたち出版労連は、この不当判決に対して抗議の意思を表明します。

この裁判は、二〇〇八年三月に福岡県久留米市で起こった読売新聞社による販売店の強制改廃事件に端を発しています。販売店が「押し紙（新聞の偽装部数）」の受け入れを拒否したところ、その三ヵ月後に、読売の三人の社員が事前連絡なしに販売店に来て、店主の前で改廃通告を読み上げ、店をつぶしました。その後、関連会社の社員が翌日の新聞に折り込む予定になっていた折込チラシを店舗から搬出しました。

現地の新聞関係者から通報を受けた黒薮氏は、みずからのウェブサイト「新聞販売黒書」でこの事件を速報しました。その際、読売側によるチラシの持ち出し行為を、「窃盗に該当」すると表現しました。失職という精神的な衝撃を店主に与えた後に、チラシの持ち出し行為に及んだために、黒薮氏は、「窃盗に該当」という表現で事件の異常さを評価したのです。

これに対し読売は、店主の同意を得てから搬出したので、窃盗には該当しないなどと主張して、二二三〇万円（後、控訴審から減額）を支払うよう黒薮氏に求め提訴に至りました。地裁と高裁は、黒薮氏の勝訴でした。読売の請求は一円も認められませんでした。しかし、最高裁は異例の逆転判決で読売を勝訴させ、差し戻し判決で一一〇万円の支払い命令が下ったのです。

ちなみに黒薮氏は、記事を掲載した後、読売に反論の機会を提供していましたが、読売はそれを行使しませんでした。

地裁・高裁と最高裁で判断が大きく異なり、しかも被告が法人ではなくて黒薮氏個人に特定された訴訟にしては、異例の高額です。たとえ「窃盗に該当」が名誉毀損に当たるとしても、黒薮氏のウェブサイトへのアクセス数は、事件当時、一日に六〇〇件程度であったことを考慮すると、加藤裁判長が命じた賠償額に疑問が残ります。わたしたちは、この判例が今後、原発報道などで重要な役割を果たしているネットメディアを萎縮させることを懸念します。

言論に対しては、あくまで言論で対処するのが、出版人のプライドであり、恫喝めいた訴訟がまかり通るようになれば、自由闊達な言論活動が定着しません。それが日本の文化水準を押し下げることは言うまでもありません。

なお、黒薮氏はこの裁判を含めると、読売から三件の裁判を起こされ、請求された金額は総計で約八〇〇〇万円にもなります。その背景には、「押し紙」報道を止めさせたいという意図があるとしか思えません。

わたしたち出版労連は、この件を含む裁判制度を悪用した批判封じに反対し、言論・出版・表現の自由を守るために努力を続けます。

二〇一二年九月六日

あとがき

新聞の偽装部数（「押し紙」）の取材を始めたのは一九九七年であるから、この問題の取材歴は今年で一五年目に入った。この間、わたしのジャーナリズム活動で中心的な媒体の役割を果たしてきたのが、ウェブサイトMEDIA KOKUSYO（http://www.kokusyo.jp/）である。元々このウェブサイトは、新聞業界の政治献金問題を告発するために「汚職防止ジャーナル」というFAX配信のミニコミ紙を立ち上げたのが発端で、その後、「新聞販売黒書」に改名して舞台をネットに移し、さらに幅広くメディアの問題を報じるためにMEDIA KOKUSYOに改めた経緯がある。

わたしと読売新聞社の係争が始まったのは二〇〇八年である。現在のMEDIA KOKUSYOが「新聞販売黒書」だった時代である。読売がわたしに仕掛けてきた裁判は三件。これに対抗してわたしは、一件の「反訴」裁判と、読売の代理人・喜田村洋一弁護士（自由人権協会代表理事）に対する弁護士懲戒請求を申し立てた。その結果、五件の係争と向き合うことになったのである。

わたしにとって意外だったのは、経済的にも精神的にも追い詰められた反面、予想もしない大きな支援を得たことである。まず、最初の著作権裁判が始まると、フリーランスの立場で仕事をしている人々の組合、出版ネッツ（出版労連傘下）がただちに支援を表明し、法廷を傍聴者で一杯にしてくれた。カンパを募る活動も展開してくれた。この年のメーデーでは、「読売は口封じ裁判を止めよ！」の横断幕を掲げ、代々木公園から新宿の都庁前までのコースを行進した。

翌年の三月には著作権裁判の判決があった。裁判長が読売の訴えを棄却すると、法廷に拍手が沸き起こった。読売の喜田村弁護士は、表情ひとつ変えずにそそくさと法廷を後にした。傍聴していた仲間の一人が、後日、判決の場面をふりかえってこんな感想をもらした。

「あの割れるような拍手は人権派弁護士として活動してきた喜田村先生にとっては相当ショックだったと思いますよ」

著作権裁判はその後、高裁でも勝訴して、最高裁が読売の江崎法務室長の上告を棄却するかたちでわたしの勝訴が確定した。

「新聞販売黒書」の記事をめぐる名誉毀損裁判も、地裁、高裁と勝ち進んだ。しかし、最高裁が読売を勝訴させ、わたしを敗訴させることを決定して、東京高裁の判決を差し戻したのである。そして東京高裁の加藤新太郎裁判官が、個人に対する賠償額としては、前代未聞の一一〇万円の高額支払いを命じたのだ。利子などを含めると、わたしの支払い額は一二〇万円を超えた。

だが、この判決に対して今度は、ＭＥＤＩＡ ＫＯＫＵＳＹＯの読者が黙ってはいなかった。カンパの呼び掛けに応えて、わずか二週間で総額九〇万円を超える支援金が集まったのである。海外からもカンパが寄せられた。わたしはこの裁判には負けたが、ジャーナリズム活動の休止は免れたのである。

さらに特筆しておかなければならないのは、わたしに対する弁護団の支援である。弁護団を結成して法廷闘争の最前線に立ってくれたのは、二〇〇一年から真村裁判を闘ってきた江上武幸弁護士らのグループである。その大半は三〇代と四〇代の若い人たちである。わたしが被告にされた裁判は、東京地裁とさいたま地裁を舞台として同時進行したのだが、法廷が開かれるたびに、三名から五名の弁護士が空路福岡から「手弁当」で上京してくれた。また、東京在住の大西啓文弁護士も法廷に駆けつけてくれた。

言論の自由にかかわる大問題だったので、報酬や経費を度外視して支援してくれたのである。残念ながら本書で述べたような事情で、二〇一一年三月を境に、真村裁判も含め、対読売の裁判はすべて敗訴に転じた。勝っていた裁判も最高裁で覆ってしまった。まるで読売に敗訴はあり得ないかのような状況が生まれてしまったのだ。

しかし、法廷闘争は無意味ではなかった。わたしの弁護団の主張と、読売弁護団の主張は公文書として保管されている。これは読売の体質を知る上で極めて貴重な資料である。どちらの弁護団の主張がより説得力があるのか、ジャーナリズムの検証が始まるのはこれからだ。

本書を締めくくるにあたり、支援をいただいた弁護士の名前も裁判の貴重な記録として記憶にとどめたい。次の方々である。

江上武幸、馬奈木昭雄、紫藤拓也、迫田登紀子、高峰真、椛島隆、市橋康之、大西啓文、

森理恵、毛利倫、小林正幸、白水由布子、大町佳子、緒方枝里、田上晋一、原田純子、中村愛、（敬称略）

裁判が進行していた二〇一一年一一月にYC久留米文化センター前の元店主・平山春雄氏が病没された。「新聞販売黒書」に掲載した平山氏が当事者になった販売店改廃事件の記事が名誉毀損裁判の引き金になり、最終的にわたしが敗訴して一一〇万円の支払いを命じられた経緯があるだけに、平山氏については強い絆で結ばれた同志のように感じている。郷里の町でいとなまれた告別式で、中学校の学生服を着た息子さんが肩を震わせて泣いていた姿が鮮明にわたしの脳裏に残っている。平山氏は、地裁の敗訴、控訴審での敗訴を受け止めてこの世を去ったのである。本人はさぞ無念だったに違いない。

なお、本書に収録された元朝日新聞記者でフリージャーナリストの吉竹幸則氏の特別寄稿は、第三者が対読売裁判を検証する最初の試みである。加藤新太郎裁判長が下した判決を厳しく批判する内容になっているが、裁判官が人を裁くただならぬ特権を国家から与えられている以上は、判決に対するどのような批判も許されるべきである。吉竹氏の記述は、内容が的確というだけではなく、わたしにとっては、新聞関係者が偽装部数問題を追及している者を公然と支援してくれたという点で、その意義も大きい。この場で改めてお礼を述べたい。

とてつもなく大きな力を上段に振りかざして襲いかかってくる巨人を相手に戦うこと。それがどのような様相であるのかを、わたしが自分の眼で初めて確認したのは、二〇代のころである。一九八四年、わたしは中米ニカラグアで北の超大国と対峙する勇敢な人々を取材した。この国はその五年前に革命を経験していた。

それまで四〇年にわたりニカラグアの政治も軍部も産業も支配していた親米派の独裁者が自家用ジェット機でマイアミへ亡命を余儀なくされ、革命政権が誕生した。これに怒り狂った米国のレーガン政権は、ニカラグアの隣国ホンジュラスを軍事基地の国に変貌させ、フリーダム・ファイターズと命名した傭兵部隊を使って、新生ニカラグアの転覆に乗り出した。滞在させてもらった民家の少年がこんな話をしていた。

「革命後すぐに、ブラックバード（米空軍の偵察機）がやってきた。四日間にわたってニカラグア上空を轟音を響かせて飛び回り、航空写真を撮影して帰ったのです」

それから内戦が勃発した。米国は傭兵部隊を世界一高性能な武器で武装させ、中米の小国を絞め殺そうとした。経済封鎖も断行した。

ところが米国政府のもくろみは失敗に終わる。米国やヨーロッパなどの市民がニカラグア支援の声をあげ始めたのだ。市民レベルで医師、教師、技士などを派遣する。物資の支援を行う。また、ニカラグアの主要産業であるコーヒーの収穫を助けるボランティアを送り込んだ。

ニカラグアの戦いは一〇年に及んだ。国際的な連帯の輪を広げ、ニカラグアはＣＩＡによる軍事クーデターや米国海兵隊による占領というこれまでラテンアメリカ諸国で頻繁に繰り返されてきた悪夢のシナリオを回避したのである。

対読売裁判に大きな支援が寄せられた理由は単純で、ニカラグアの場合と同様に、巨大勢力による自己主張の方法があまりにも理不尽だったからにほかならない。まして読売は政界にまで影響力を持つ言論機関である。

多大な支援に対してわたしにできることは、これまでと同じスタンスで報道を続けることである。ＭＥＤＩＡ　ＫＯＫＵＳＹＯは、今後、公権力の腐敗を追及する姿勢をより鮮明にしてゆくことになる。それが支援に応える最良の道にほかならない。

本書は、花伝社の平田勝社長の勧めで執筆した。裁判所の正義が揺らいでいる時代に、裁判で敗訴したわたしの本を出版することは、小さな出版社にとっては大きなリスクを伴う。平田社長からは、これまでただならぬ支援を受けてきた。だから本書を理由に攻撃されるリスクが高いようであれば、書籍の出版は辞退して、ＭＥＤＩＡ　ＫＯＫＵＳＹＯで執筆原稿を公表する選択肢も考えていた。しかし、結果として自分の考えをすべて書籍というかたちで公表できることになった。これこそが言論の自由が運んでくる心地よい風にほかならない。平田社長と編集を担当していただいた水野宏信氏には、深く感謝の意を表したい。

二〇一二年一一月二日　黒薮哲哉

黒薮哲哉（くろやぶてつや）
1958年、兵庫県生まれ。フリージャーナリスト。ウエブサイト「MEDIA KOKUSYO」（http://www.kokusyo.jp/）の主宰者。
1992年、「説教ゲーム（改題:「バイクに乗ったコロンブス」)」でノンフィクション朝日ジャーナル大賞「旅・異文化」テーマ賞を受賞。1998年、「ある新聞奨学生の死」で週刊金曜日ルポルタージュ大賞「報告文学賞」を受賞。
著書に、『ぼくは負けない』（民衆社）、『バイクに乗ったコロンブス』（現代企画室）、『新聞があぶない』（花伝社）、『あぶない！あなたのそばの携帯基地局』（花伝社）、『「押し紙」という新聞のタブー』（宝島新書）など多数。

Eメール：xxmwg240@ybb.ne.jp
Twitter：https://twitter.com/kuroyabu
Facebook：https://www.facebook.com/tetsuya.kuroyabu

新聞の危機と偽装部数

2012年11月22日　初版第1刷発行

著者 ―― 黒薮哲哉
発行者 ―― 平田　勝
発行 ―― 花伝社
発売 ―― 共栄書房
〒101-0065　東京都千代田区西神田2-5-11出版輸送ビル2F
電話　03-3263-3813
FAX　03-3239-8272
E-mail　kadensha@muf.biglobe.ne.jp
URL　http://kadensha.net
振替 ―― 00140-6-59661
装幀 ―― 黒瀬章夫（ナカグログラフ）
印刷・製本 ― 中央精版印刷株式会社

ISBN978-4-7634-0651-4 C0036